Jan Behler

Economic Value Added versus Cash Value Added

Welche Kennzahl eignet sich besser für ein Anreizsystem für Manager?

Bibliografische Information der Deutschen Nationalbibliothek:

Die Deutsche Nationalbibliothek verzeichnet diese Publikation in der Deutschen Nationalbibliografie; detaillierte bibliografische Daten sind im Internet über http://dnb.d-nb.de abrufbar.

Impressum:

Copyright © Studylab 2019

Ein Imprint der Open Publishing GmbH, München

Druck und Bindung: Books on Demand GmbH, Norderstedt, Germany

Coverbild: Open Publishing GmbH | Freepik.com | Flaticon.com | ei8htz

Inhaltsverzeichnis

Abkürzungsverzeichnis

AA	Abschreibbare Aktiva
BCF	Brutto-Cash-Flow
BCG	Boston Consulting Group
BIB	Bruttoinvestitionsbasis
BIK	Buchwert des investierten Kapitals
CAPM	Capital-Asset-Pricing-Model
CFROI	Cash Flow Return on Investment
CVA	Cash Value Added
DAX	Deutscher Aktienindex
EBIT	Earnings before Interests and Taxes
EE	Equity Equivalents
EK	Eigenkapital
EVA	Economic Value Added
FCF	Freie Cashflows
F&E	Forschung- und Entwicklung
FIFO	First-in-First-out
FK	Fremdkapital
GuV	Gewinn- und Verlustrechnung
HGB	Handelsgesetzbuch
LIFO	Last-in-First-Out
MVA	Market Value Added
NOA	Net Operating Assets
NOPAT	Net Operating Profit after Taxes
ÖA	Ökonomische Abschreibung
RG	Residualgewinn
ROCE	Return on Capital Employed
ROI	Return on Investment

TS	Tax-Shield
UGW	Unternehmensgesamtwert
WACC	Weighted Average Cost of Capital

Abbildungsverzeichnis

1 Einleitung

Die Entscheidungen und Handlungen der Top-Managementebene sind spätestens seit der Finanzmarktkrise und dem VW-Abgasskandal wieder in den Fokus der öffentlichen Diskussion gerückt. Seit dem im Jahr 1986 erschienenen Buch „Creating Shareholder Value" von Alfred Rappaport[1] hat sich der Standpunkt durchgesetzt, dass das oberste Ziel der Unternehmensführung die Steigerung des Eigentümervermögens sein sollte.[2] Besonders die Eigentümer großer Unternehmen beauftragen zumeist externe Manager mit der Unternehmensführung. Problematisch diesbezüglich ist, dass sich die Ziele und Informationsstände von Eigentümern und beauftragtem Management oft deutlich unterscheiden.[3] Um das Management dazu zu bringen, die Unternehmensaktivitäten auf die Steigerung des Shareholder Value auszurichten, existieren verschiedene Anreizmöglichkeiten.

Die Verknüpfung eines variablen Teils der Managemententlohnung mit dem Unternehmenserfolg stellt dafür eine Möglichkeit dar.[4] Ein Teil der Gehaltszahlung an die Unternehmensleitung wird dabei an Erfolgsgrößen gekoppelt. In zahlreichen Unternehmen werden zu diesem Zweck Größen aus dem externen Rechnungswesen verwendet. Beispiele dafür sind die Earnings before Interests and Taxes (EBIT) oder der Return on Investment (ROI), bei dem der Gewinn zum Kapitaleinsatz ins Verhältnis gesetzt wird.[5] Da gemäß Rappaport das Ziel eines Unternehmens und damit auch des Managements die Maximierung des Shareholder Value sein sollte, bieten sich zu diesem Zweck Kennzahlen an, die auf einem Residualgewinn[6] beruhen. Der Vorteil gegenüber Größen wie dem EBIT oder dem ROI ist, dass neben den üblicherweise ausgewiesenen Kosten des Unternehmens auch die Kapitalkosten berücksichtigt werden. Der Economic Value Added (EVA™)[7] und der Cash Value Added (CVA) stellen Residualgewinnkonzepte dar und finden

---

[1] Vgl. Rappaport (1999).

[2] Das Vermögen der Eigentümer wird auch als Shareholder Value bezeichnet.

[3] Diese Problematik wird auch als Principal-Agent-Theorie bezeichnet. Siehe dazu bspw. Fischer (1995).

[4] Vgl. Rappaport (1999), S. 4.

[5] Vgl. Laux (2006), S. 285.

[6] Ein Residual- bzw. Übergewinn wird dann erreicht, wenn neben den operativen Kosten auch die Kapitalkosten gedeckt werden.

[7] Beim EVA™ handelt es sich um einen, durch Stern Stewart & Co., markenrechtlich geschützten Begriff, der deshalb als EVA™ gekennzeichnet werden muss. Aus Gründen der besseren Lesbarkeit wird im Folgenden auf diese Kennzeichnung verzichtet.

in der Unternehmenspraxis Verwendung. Diese beiden Konzepte sind Gegenstand der vorliegenden Ausarbeitung.

Die beiden Konzepte unterscheiden sich zum Teil deutlich. Die Entscheidung für eines dieser Konzepte als Spitzenkennzahl eines Anreizsystems hat weitreichende Folgen für das Unternehmen und die Eigentümer. Das Ziel dieser Arbeit ist, die Eignung der Konzepte als Spitzenkennzahl eines Anreizsystems zu analysieren und eine Empfehlung zu geben, welche Kennzahl sich zu diesem Zweck besser eignet.

Die vorliegende Arbeit ist in fünf Kapitel gegliedert. Im Anschluss an die Einleitung (Kapitel 1) wird im Kapitel 2 das EVA-Konzept dargestellt. Zu Beginn wird die Konzeption grundlegend erläutert (Abschnitt 2.1.). Danach erfolgt die Herleitung des Modells, indem zunächst die im Konzept verwendeten Größen dargestellt werden (Abschnitt 2.2.). Ein Fokus liegt dabei auf den erforderlichen Anpassungen. Abschließend wird gezeigt, wie die Bestandteile zueinander in Beziehung gesetzt werden und wie dadurch die Wirkung auf das Eigentümervermögen ausgedrückt wird (Abschnitt 2.3.).

Die Darstellung des CVA-Konzeptes folgt in Kapitel 3 einem analogen Verlauf wie die Darstellung des EVA-Konzeptes.

In Kapitel 4 werden die beiden Konzepte gegenübergestellt, indem ihre Eignung als Spitzenkennzahl eines Anreizsystems analysiert wird. Hierzu werden in Abschnitt 4.1. die relevanten Anforderungen an ein Anreizsystem und eine Spitzenkennzahl dargestellt. Darauf aufbauend wird geprüft, inwieweit die Kennzahlen diese Anforderungen erfüllen (Abschnitt 4.2.). In Abschnitt 4.3. wird dargelegt, welche der beiden Kennzahlen die Anforderungen in größerem Umfang erfüllt und sich dementsprechend besser als Spitzenkennzahl eines Anreizsystems eignet.

In Kapitel 5 erfolgt die Zusammenfassung der erarbeiteten Ergebnisse.

2 Das Konzept des Economic Value Added

Das folgende Kapitel behandelt das Konzept des Economic Value Added (EVA). Zuerst werden die Grundlagen der Konzeption erläutert. Anschließend werden die Basiselemente ausführlich dargestellt. Einen Hauptaspekt bilden dabei die Anpassungen der Daten aus dem Rechnungswesen, weil diese Anpassungen einen bedeutenden Teil des Konzeptes ausmachen. Abschließend werden die Berechnungsverfahren des EVA anhand der Elemente abgeleitet und der Zusammenhang zum Shareholder Value dargestellt.

2.1 Einführung in das Konzept

Das EVA-Konzept wurde von G. Bennett Stewart III erstmals im Jahre 1991 mit dem Buch „The Quest for Value"[8] publiziert.[9] Zusammenfassend handelt es sich beim EVA-Konzept um den operativen Gewinn abzüglich aller Kosten des Kapitals, das zur Erwirtschaftung dieses Gewinnes erforderlich war.[10] Der EVA-Ansatz stellt somit ein Residual- bzw. Übergewinnkonzept dar. Das Ziel des Economic Value Added ist, eine Aussage über die Wertschaffung- bzw. Wertvernichtung innerhalb einer Periode zu machen. Dabei wird davon ausgegangen, dass ein Gewinn erst dann erzielt wurde, wenn auch die gesamten Kapitalkosten vom operativen Gewinn gedeckt wurden.[11]

Der Economic Value Added wird grundsätzlich für drei Anwendungsbereiche genutzt: Als Methode zur Unternehmensbewertung, als Gestaltungsinstrument der Grundsätze der Unternehmensführung (Corporate Governance) und als Maßstab der Performance eines Unternehmens.[12] In der vorliegenden Arbeit werden die beiden erstgenannten Anwendungsgebiete nicht weiter thematisiert.

Bekannte Unternehmen, die das EVA-Konzept verwenden, sind der im DAX notierte Henkel-Konzern[13] und Global-Player wie Coca-Cola, das als eines der ersten Unternehmen das Konzept des Economic Value Added eingeführt hat.[14]

---

8   Vgl. Stewart III (1991).
9   Vgl. Böcking/Nowak (1999), S. 281.
10   Vgl. Stewart III (1991), S. 2.
11   Vgl. Zirkler (2002), S. 98.
12   Vgl. Hostettler (2000), S. 1.
13   Vgl. Geschäftsbericht Henkel (2016), S. 69.
14   Vgl. Ehrbar (1999), S. 28.

2.2 Elemente des EVA

Um den Economic Value Added zu berechnen, sind eine Größe für den Gewinn, eine Größe für die Höhe des Vermögens und der Kapitalkostensatz notwendig.[15] Die Basis des EVA-Konzeptes bilden buchhalterische Größen, die an die tatsächliche ökonomische Realität des Unternehmens durch sogenannte Conversions angepasst werden. Diese Anpassungen sind notwendig, weil die Daten des Rechnungswesens in erster Linie eine vorsichtige Sicht auf das Unternehmen darstellen.[16] Die Anpassungen erfolgen in vier Stufen und werden als Überführung vom Accounting Model zum Economic Model bezeichnet.[17]

Stern Stewart & Co. kommuniziert eine Anzahl von 164 möglichen Anpassungen der Daten des Rechnungswesens, um diese an die Sicht der Investoren anzupassen.[18] Im ersten Schritt muss jedes Unternehmen individuell entscheiden, welche Anpassungen sinnvoll sind. Zu beachten ist, dass aus jeder Variation der Anpassungen ein anderer EVA-Wert resultiert. Das Spektrum der möglichen EVA-Arten kann grundsätzlich grob in vier Varianten unterteilt werden (vgl. Abbildung 1).[19]

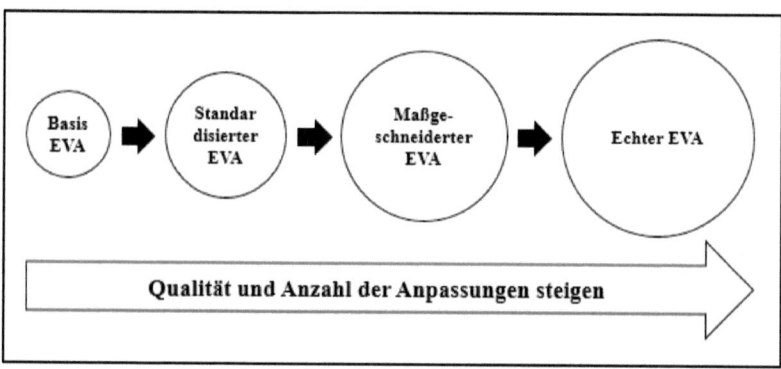

Abbildung 1: EVA-Spektren[20]

---

[15] Vgl. Böcking/Nowak (1999), S. 282–283.

[16] Vgl. Ehrbar (1999), S. 173-176.

[17] Vgl. Hostettler (2000), S. 98. Die Conversions werden in den Kapiteln 2.2.1.1. bis 2.2.1.4. behandelt.

[18] Vgl. Hostettler (2000), S. 97.

[19] Vgl. Ehrbar (1999), S. 176.

[20] In Anlehnung an: Ehrbar (1999), S. 176.

Der „Basis EVA" stellt die einfachste Variante dar. Dieser Wert wird anhand der nicht angepassten Daten des Jahresabschlusses ermittelt. Der „standardisierte EVA" wird mithilfe von circa 12 Anpassungen festgestellt, allerdings ohne das intern verfügbare Detailwissen zu verwenden. Für den „maßgeschneiderten EVA" sind in den meisten Unternehmen nach den Erfahrungen von Stern Stewart & Co. circa 15 Anpassungen notwendig. Dieser EVA-Wert ist auch der von Stern Stewart & Co. vorgeschlagene und gemeinhin praktizierte Maßstab. Der „echte EVA" würde sich theoretisch ergeben, wenn der exakte ökonomische Gewinn mit allen relevanten Anpassungen und die genauen Kapitalkosten von jedem Geschäftsbereich ermittelt werden würden.[21] Da der zusätzliche Nutzen der Informationen im Verhältnis zum Aufwand der Informationsbeschaffung deutlich abnimmt, wird der „echte EVA" in der Praxis im Allgemeinen nicht angewendet.[22]

Im Folgenden werden die am Anfang des Kapitels 2.2. aufgeführten Elemente des EVA-Konzeptes dargestellt. Ein besonderer Fokus liegt dabei auf den Anpassungen, die vorgenommen werden müssen, um die Daten des Rechnungswesens an die tatsächliche ökonomische Realität anzupassen.

2.2.1 Darstellung der Gewinn- und Vermögensgröße

Die Gewinngröße wird gemäß der im US-amerikanischen Raum üblichen Bezeichnung als Net Operating Profit after Taxes (kurz: NOPAT) bezeichnet. Sie stellt einen Maßstab für die operative Leistung eines Unternehmens dar.[23] Der NOPAT ist eine Gewinngröße vor den Kosten der Finanzierung, aber nach Steuern. Es handelt sich dementsprechend um die zur Ausschüttung an die Kapitalgeber zur Verfügung stehenden finanziellen Mittel.[24] Grundsätzlich gibt es zwei Verfahren zur Bestimmung des NOPAT.

Im Zuge der direkten Methode, die auch operative Berechnung (Operating Approach) genannt wird, werden vom Umsatz alle operativen Aufwendungen abgezogen. Im Anschluss werden die Änderungen durch die Anpassungen hinzuaddiert bzw. abgezogen und die angepassten Steuern berücksichtigt. Bei der indirekten Methode bzw. der finanziellen Berechnung (Financing Approach) wird das

---

[21] Vgl. Ehrbar (1999), S. 176-177.
[22] Vgl. Böcking/Nowak (1999), S. 285.
[23] Vgl. Zirkler (2002), S. 99.
[24] Vgl. Stewart III (1991), S. 86.

Jahresergebnis durch die entsprechenden Anpassungen modifiziert. Die gezahlten Fremdkapitalzinsen werden der Gewinngröße wieder hinzuaddiert. Im Anschluss werden die Steuervorteile aus der Fremdkapitalnutzung neutralisiert.[25] Die nachstehende Abbildung (2) stellt die beiden Berechnungsmethoden zusammenfassend gegenüber.

Direkte Methode		Indirekte Methode	
	Umsatz		Jahresergebnis
-	operative Aufwendungen	+ / -	Anpassungen
=	operatives Ergebnis	=	modifiziertes Jahresergebnis
+ / -	Anpassungen	+	Fremdkapitalzinsen
-	Steuern	-	Steuervorteil aus FK-Zinsen
=	NOPAT	=	NOPAT

Abbildung 2: Berechnungsmethoden des NOPAT[26]

Der Steuervorteil aus Fremdkapitalzinsen (Indirekte Methode, Position 5) wird korrigiert, da dieser in den Kapitalkosten und nicht in der Gewinngröße abgebildet wird.

Die Vermögensgröße stellt eine weitere bedeutende Komponente des EVA-Konzeptes dar. Stewart nutzte in seinem Grundlagenwerk den Begriff Capital.[27] Diese Größe stellt das betriebsnotwendige Vermögen dar, das zur Erzielung des NOPAT im Unternehmen gebunden ist und für die operative Tätigkeit verfügbar war.[28] Um Missverständnisse zu vermeiden, wird mittlerweile in der Regel die eindeutigere Bezeichnung Net Operating Assets (NOA) genutzt.[29] Analog zur Berechnung des NOPAT gibt es die operative (Operating Approach) und die finanzielle Berechnungsweise (Financing Approach). Die Ergebnisse der beiden Berechnungswege sind bei Verwendung von korrekten Werten gleich.[30]

Im Zuge der operativen bzw. aktivistischen, Vorgehensweise erfolgt die Berechnung anhand der Aktivseite der Bilanz. Die Werte werden als Buchwerte, aller-

---

[25] Vgl. Fackler/Wimschulte (2009), S. 317.

[26] In Anlehnung an: Fackler/Wimschulte (2009), S. 317.

[27] Vgl. Stewart III (1991), S. 86.

[28] Vgl. Hostettler (2000), S. 50-51.

[29] Vgl. Hostettler (2000), S. 50. In der vorliegenden Arbeit wird analog zu Hostettler der Begriff NOA gebraucht, mögliche weitere in der Literatur verwendete Begriffe sind Invested Capital und Capital Employed.

[30] Vgl. Stewart III (1991), S. 99-101.

dings mit diversen Anpassungen, angesetzt.[31] Alle Vermögenspositionen, die nicht betriebsnotwendig sind, werden subtrahiert.[32] Die finanzielle Berechnung erfolgt anhand der Passivseite der Bilanz. „Zum bilanziellen Eigenkapital und zinstragenden Fremdkapital werden die Eigen- und Fremdkapital-Äquivalente addiert. Diese Anpassungen dienen dazu, auch außerbilanzielle Finanzierungsinstrumente eines Unternehmens zu berücksichtigen und Verzerrungen des Rechnungswesens zu korrigieren."[33]

Da lediglich bei den Vermögenspositionen auf der Aktivseite, nicht aber bei den Finanzierungspositionen auf der Passivseite erkennbar ist, ob sie betrieblich genutzt werden, wird der Wert der NOA in der Regel aktivistisch ermittelt.[34] Die NOA werden immer für den Beginn der betrachteten Periode ermittelt.[35] Abweichend davon wird bei starken Schwankungen von mehr als 20 % der Buchwerte ein Durchschnittswert genutzt.[36]

Anhand verschiedener Anpassungen (Conversions) wird die Transformation vom Accounting Model zum Economic Model vollzogen. „Insgesamt werden über vier Stufen nichtbetriebliche, finanzielle, steuerliche und bewertungstechnische Verzerrungen des Accounting Models beseitigt, um zu einem Zahlenverständnis zu gelangen, welches dem Economic Model entspricht."[37] Diese Unterscheidung nimmt Stewart III nicht explizit vor, sie wird aber von Stern Stewart & Co. befürwortet.[38] Abbildung (3) zeigt grob den Verlauf der Anpassungen und den Übergang vom Accounting Model zum Economic Model.

---

31 Vgl. Hostettler (2000), S. 51.
32 Vgl. Böcking/Nowak (1999), S. 284.
33 Fackler/Wimschulte (2009), S. 318.
34 Vgl. Hostettler (2000), S. 43.
35 Vgl. Hostettler (2000), S. 51.
36 Vgl. Stewart III (1991), S. 742.
37 Hostettler (2000), S. 98.
38 Vgl. Hostettler (2000), S. 98.

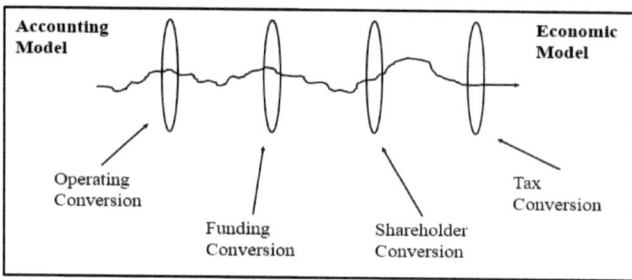

Abbildung 3: Übergang vom Accounting Model zum Economic Model[39]

In den folgenden Unterkapiteln werden jeweils zuerst die vier Anpassungen er-läutert und anschließend die jeweiligen Auswirkungen auf den NOPAT und die NOA dargestellt.

2.2.2 Operating Conversions

Im Zuge der Operating Conversions werden die Daten des Jahresabschlusses um nicht betriebsnotwendige Elemente bereinigt.[40] Das Ziel ist, die Jahresabschluss-daten auf die betriebliche Ebene zu begrenzen. Eine allgemein gültige Aussage, ob eine Ergebnis- oder Kapitalgröße betriebsbedingt ist, lässt sich nicht treffen.[41]

Da die Bilanz üblicherweise nach der Fristigkeit der Positionen unterteilt ist, be-darf es zur richtigen Beurteilung von Vermögenswerten weiterer Informationen. Solche Informationen können beispielsweise der Segmentberichterstattung des Unternehmens entnommen werden.[42] Die folgende Abbildung 4 gibt einen Über-blick darüber, wie mit den Vermögensobjekten im Rahmen der Operating Conver-sions verfahren werden soll.

---

[39] In Anlehnung an: Hostettler (2000), S. 98.
[40] Vgl. Hirsch (2007), S. 64.
[41] Vgl. Weber et al. (2017), S. 46.
[42] Vgl. Böcking/Nowak (1999), S. 286-287.

Vermögenswerte sind...	... aktiviert	... nicht aktiviert
... betrieblich gebunden	Kein Handlungsbedarf	Hinzuaddieren mit Marktwerten
... nicht betrieblich gebunden	Abzug von der Bilanzsumme (Buchwerte)	Kein Handlungsbedarf

Abbildung 4: Anpassungen der Vermögensobjekte[43]

Anpassungen sind nur durchzuführen, wenn ein Vermögensgegenstand betrieblich gebunden, aber nicht aktiviert ist, oder wenn er aktiviert, aber nicht betrieblich genutzt wird. Da die Bilanzsumme zur Bestimmung der NOA zu Buchwerten übernommen wird, können die aktivierten, nicht betrieblich gebundenen Vermögensobjekte zu Buchwerten subtrahiert werden.[44] Als aktivierte, aber nicht betrieblich genutzte Vermögensgegenstände können laut Hostettler Anlagen im Bau angesehen werden. Diese werden zwar in der Zukunft betriebsnotwendig für das Unternehmen sein, stehen allerdings während der bewerteten Periode nicht zur Verfügung. Auch vermietete Immobilien dienen zum Beispiel in einem Industrieunternehmen nicht dem betrieblichen Zweck, sind allerdings trotzdem in der Bilanz erfasst.[45] Die Wertpapiere des Umlaufvermögens werden ebenfalls vom Kapital abgezogen.[46] Liquide Mittel sind nicht abzuziehen, da diese dem Geschäftsbetrieb dienen und es im Gegensatz zu Wertpapieren, die Handelszwecken dienen, zu negativen Auswirkungen kommen könnte, wenn sie nicht vorhanden wären und dem Unternehmen erforderliche Liquidität fehlen würde.[47]

Das Ergebnis der Gewinn- und Verlustrechnung (GuV) und die Bilanzsumme müssen um außerordentliche Erträge und Aufwendungen, die nichts mit dem eigentlichen Unternehmensgeschäft zu tun haben, bereinigt werden. Da der NOPAT eine Gewinngröße vor Zahlungen an die Kapitalgeber darstellt, müssen sämtliche Zinszahlungen neutralisiert werden. Zinsaufwendungen werden dem NOPAT dementsprechend wieder hinzugerechnet. Die Zinsanteile von langfristigen Rückstellungen, beispielsweise von Pensionsrückstellungen, sind ebenfalls im Jahresüberschuss zu neutralisieren. Die Abschreibungen, die für nicht betriebsnotwen-

---

43 In Anlehnung an: Hostettler (2000), S. 112.
44 Vgl. Hostettler (2000), S. 112.
45 Vgl. Hostettler (2000), S. 120-121.
46 Vgl. Stewart III (1991), S. 744.
47 Vgl. Hostettler (2000), S. 112-113.

dige Vermögensgegenstände in der GuV in Abzug gebracht wurden, müssen im Zuge der Operating Conversions wieder hinzugerechnet werden.[48]

Funding Conversions

Das Ziel der Funding Conversions ist, dass alle Finanzierungsmittel des Unternehmens komplett erfasst werden. Bereits in der Bilanz ausgewiesene Finanzierungsquellen sind das zinstragende Fremdkapital, langfristige, nicht zinstragende Verbindlichkeiten (Rückstellungen)[49] und das Eigenkapital. Der Fokus der Funding Conversions liegt dementsprechend insbesondere auf den versteckten, nicht in der Bilanz ersichtlichen Finanzierungsinstrumenten[50] und den nicht zinstragenden Verbindlichkeiten.[51]

Die meisten versteckten Finanzierungsquellen eines Unternehmens, die nicht anhand der Passivseite der Bilanz ersichtlich werden, sind Miet- und Leasinggeschäfte.[52] In der externen Rechnungslegung eröffnen sich Unternehmen große Spielräume bezüglich der Bilanzierung von Leasinggeschäften.[53] Im EVA-Konzept werden alle Leasinggeschäfte unabhängig davon, ob sie der Leasingnehmer bilanziert oder nicht, in der Kapitalgröße abgebildet. Hat das Unternehmen einen Vermögenswert im Rahmen eines Leasinggeschäftes nicht bilanziert, erfolgt die Bilanzierung anhand der Kapitalisierung der vereinbarten Leasingraten der folgenden fünf Jahre und der Hinzurechnung des Barwertes zu den NOA.[54]

Ein weiterer bedeutender Schritt bei den Funding Conversions ist die korrekte Behandlung der nicht zinstragenden Verbindlichkeiten. Insbesondere Verbindlichkeiten aus Lieferung und Leistung stehen dem Unternehmen zinsfrei zur Verfügung. Lieferanten werden ihr Kapital allerdings in der Regel nicht ohne Zinsen kostenlos zur Verfügung stellen. Die entgangenen Zinsen sind in den zu zahlenden Preisen der gelieferten Güter enthalten. Der betriebliche Gewinn des Unternehmens ist folglich in Höhe der in die Kalkulation einbezogenen Zinsen zu niedrig.

---

[48] Vgl. Weber et al. (2017), S. 51-52 und S. 55-56.
[49] Vgl. Hostettler (2000), S. 100.
[50] Vgl. Böcking/Nowak (1999), S. 287.
[51] Vgl. Laux (2006), S. 159.
[52] Vgl. Hostettler (2000), S. 101.
[53] Siehe für weitergehende Informationen zum Leasing und zur Leasingbilanzierung in den Rechnungslegungssystemen bspw. Coenenberg/Haller/Schultze (2016), S. 196-211.
[54] Vgl. Böcking/Nowak (1999), S. 286.

Da der NOPAT jedoch einen Gewinn vor Finanzierungskosten darstellt, sind auch diese Zinsen zu eliminieren. Dies kann durch die Hinzurechnung der nicht ersichtlichen Zinsen zur Ergebnisgröße und der Behandlung des Lieferantenkredites als Teil der NOA erreicht werden. Da die Ermittlung der nicht ausgewiesenen Zinsen in der Praxis jedoch oftmals kompliziert ist, wird von Hostettler eine zweite, praktikablere Variante vorgeschlagen. Die zinslos zur Verfügung gestellten kurzfristigen Verbindlichkeiten werden mit dem betrieblichen Vermögen verrechnet.[55] Dies führt dazu, dass der Abzug in der Kapital- und nicht in der Ergebnisgröße vorgenommen wird. Beide Verfahren führen zu gleichen Ergebnissen. Mit Blick auf die Ermittlungskosten ist die zweite Vorgehensweise in der Praxis zu bevorzugen.[56]

Shareholder Conversions

Durch die Shareholder Conversions sollen sämtliche eigenkapitalähnlichen Posten einer Unternehmung berücksichtigt werden. Diese Posten werden auch als Equity Equivalents (EE) bezeichnet.[57] Dadurch sollen alle Vermögensgegenstände berücksichtigt werden, die aufgrund des Vorsichtsprinzips oder aufgrund von Aktivierungsverboten der externen Rechnungslegung nicht oder nur unzureichend in die Bilanz einbezogen wurden.[58] Die Summe aus den EE und dem bereits bilanzierten Eigenkapital soll den gesamten Betrag abbilden, der dem Unternehmen von den Anteilseignern zur Verfügung gestellt wurde.[59] Die Shareholder Conversions sind die bedeutendsten Anpassungen im Rahmen des EVA-Konzeptes, um die dem Vorsichtsprinzip unterworfenen Daten des Rechnungswesens an die ökonomische Realität anzupassen.[60]

Einen relevanten Punkt der Shareholder Conversions stellt der Ansatz von Investitionsaufwendungen dar, die im Rahmen der externen Rechnungslegung lediglich als Aufwand erfasst wurden, jedoch eher Investitionscharakter haben. In diesem Zusammenhang sind insbesondere selbst erstellte immaterielle Vermögenswerte

---

[55] Vgl. Hostettler (2000), S. 127-128.
[56] Vgl. Weber et al. (2017), S. 54.
[57] Vgl. Weber et al. (2017), S. 46.
[58] Vgl. Hostettler (2000), S. 103.
[59] Vgl. Fackler/Wimschulte (2009), S. 325.
[60] Vgl. Zirkler (2002), S. 100-101.

zu nennen.[61] Besondere Bedeutung kommt den Forschungs- und Entwicklungs-aufwendungen (F&E) zu. Unabhängig davon, ob die F&E-Aufwendungen bilan-ziert oder lediglich als Aufwand verbucht wurden, müssen beide Aufwendungsar-ten bei der EVA-Ermittlung vollständig als EE kapitalisiert und über die voraus-sichtliche Dauer der Nutzung abgeschrieben werden. Damit wird der Tatsache Rechnung getragen, dass beide Aufwandsarten dem Unternehmen in der Regel für längere Zeit zur Erwirtschaftung von Gewinnen zur Verfügung stehen. Sie beein-flussen sowohl den NOPAT als auch die NOA.[62]

Die Auflösung stiller Reserven und Lasten ist eine weitere bedeutende Anpassung im Rahmen der Shareholder Conversions. Durch überhöhte Abschreibungen auf Vermögensgegenstände in der Vergangenheit muss der Ansatz dieser Posten an den tatsächlichen Wert angepasst werden. Aufgrund neuer Ansatzwerte können sich andere Abschreibungsbeträge bei der Berechnung des NOPAT ergeben. Die Korrektur der Werte wird hingegen lediglich erfolgsneutral abgebildet. Es erfolgt zwar ein neuer Wertansatz im NOA, allerdings haben diese Anpassungen abgese-hen von veränderten Abschreibungsbeträgen keine Auswirkungen auf die Ergeb-nisgröße. Durch eine Berücksichtigung der Anpassungen im NOPAT würde es da-gegen zu starken Verzerrungen des Periodenerfolges kommen.[63]

Ein weiteres bedeutendes EE stellen die kumulierten Abschreibungen auf den Goodwill dar.[64] Dabei werden zwei Arten des Geschäfts- oder Firmenwertes un-terschieden: Zum einen der selbst geschaffene (originäre) Goodwill und zum an-deren der erworbene (derivative) Goodwill.[65] Gemäß der Konzeption von Ste-wart III wird der erworbene Goodwill aktiviert und nicht abgeschrieben, da er dem Unternehmen dauerhaft zur Verfügung steht.[66] Die Abschreibungen auf den Goodwill sind den NOA in Gänze wieder hinzuzurechnen. Die Goodwill-

---

[61] Vgl. Hostettler (2000), S. 104 und S. 137-139.

[62] Vgl. Stewart III (1991), S. 115-116.

[63] Vgl. Weber et al. (2017), S. 54.

[64] Vgl. Stewart III (1991), S. 114.

[65] Siehe für weitergehende Informationen zum Goodwill bspw. Coenenberg et al. (2016), S. 359.

[66] Manche Autoren vertreten die Meinung, dass der Goodwill abgeschrieben werden sollte, da er im Laufe der Zeit durch eigenen, erarbeiteten Goodwill ersetzt wird. Vgl. Hostettler (2000), S. 146.

Abschreibungen der Periode müssen dem NOPAT wieder hinzugerechnet werden.[67]

Die Vorratsbewertung stellt ein weiteres EE dar. Gemäß der First-in-first-out (FIFO) Methode wird bei der Vorratsbewertung davon ausgegangen, dass die zuerst gekauften Vorräte auch zuerst verkauft werden. Erfolgt die Vorratsbewertung nach der Last-in-first-out (LIFO) Methode, wird angenommen, dass die zuletzt erworbenen Vorräte zuerst das Lager verlassen. Im Rahmen des EVA-Konzeptes wird nur das FIFO-Verfahren genutzt. Der ausgewiesene Wert der Vorräte bei Verwendung des LIFO-Verfahrens würde vom tatsächlichen Wert abweichen, da Vorratswerte aus der Vergangenheit genutzt werden würden.[68] Dadurch wird das Vorratsvermögen bei steigenden Preisen unterschätzt.[69] Es entsteht die LIFO-Reserve, deren Höhe sich aus der Differenz zwischen dem LIFO-Wert und dem FIFO-Wert ergibt. Die LIFO-Reserve wird als EE dem Kapital hinzugerechnet. Die Höhe der Zurechnung zum NOPAT ergibt sich aus der Erhöhung der LIFO-Reserve der Periode.[70]

Tax Conversions

Durch die Tax Conversions soll die Steuerlast den vorgenommenen Conversions angepasst werden.[71] Die Ertragssteuern sollen somit nur auf den angepassten Wert des NOPAT bezogen werden. Daraus folgt, dass eine fiktive Steuerlast angesetzt wird.[72]

Die Ergebnisminderungen, die sich beispielsweise aus den außerordentlichen Aufwendungen, den gezahlten Zinsen für Fremdkapital, Abschreibungen auf nicht betriebsnotwendiges Vermögen und Miet- und Leasingaufwendungen ergeben, dürfen den Gewinn als Grundlage für die Höhe der Steuern nicht mehr reduzieren. Der Gesamtwert dieser Anpassungen wird mit dem unterstellten Steuersatz multipliziert, um den Wert zu berechnen, um den das NOPAT zusätzlich zu belasten ist. Auf der anderen Seite erfolgt eine Reduzierung der Steuerlast durch den Wegfall der außerordentlichen Erträge, durch Abschreibungen auf die aktivierten

---

[67] Vgl. Stewart III (1991), S. 114.
[68] Vgl. Stewart III (1991), S. 113.
[69] Vgl. Böcking/Nowak (1999), S. 286.
[70] Vgl. Stewart III (1991), S. 113-114.
[71] Vgl. Hostettler (2000), S. 102.
[72] Vgl. Weber et al. (2017), S. 47.

Miet- und Leasinggegenstände und aktivierte Investitionsaufwendungen wie Forschungsaufwand. Die Berechnung, um welchen Betrag die Steuerlast zu senken ist, erfolgt analog.[73]

Die Berücksichtigung von Steuerersparnissen aus Fremdkapitalnutzung erfolgt ausschließlich im Kapitalkostensatz. Dementsprechend wird die Steuerersparnis aus der Nutzung von Fremdkapital von der Ergebnisgröße abgezogen.[74]

2.2.3 Darstellung der Vermögensrendite

Die Rendite des Vermögens beschreibt Stewart als „a measure of the periodic, after-tax, cash-on-cash yield earned in the business, it is computed by taking net operating profits after taxes, or NOPAT, and dividing by capital outstanding at the beginning of the fiscal year".[75] In der vorliegenden Arbeit wird der geläufige Begriff Return on Capital Employed (ROCE) verwendet, bei dem analog zum Return on Capital nach Stewart das Ergebnis vor Zinsaufwand zum gebundenen Kapital in Bezug gesetzt wird.[76] Dementsprechend wird im EVA-Konzept der ROCE der abgelaufenen Periode berechnet, indem die Ergebnisgröße (NOPAT) zur Kapitalgröße (NOA) ins Verhältnis gesetzt wird. Durch diese Vorgehensweise ergibt sich die folgende Formel (1).[77]

$$(1)\ ROCE = \frac{NOPAT}{NOA}$$

2.2.4 Darstellung des Kapitalkostensatzes

Der Kapitalkostensatz erfüllt im EVA-Konzept zwei relevante Funktionen: Erstens stellt er die Mindestrendite für die Investoren dar und zweitens dient er zur Diskontierung zukünftiger EVAs bei der Unternehmensbewertung.[78]

Der Kapitalkostensatz wird in der Praxis mittlerweile fast ausschließlich anhand der gewichteten durchschnittlichen Kapitalkosten, der sogenannten Weighted

---

[73] Vgl. Weber et al. (2017), S. 54-55.
[74] Vgl. Zirkler (2002), S. 101.
[75] Stewart III (1991), S. 742.
[76] Vgl. Coenenberg/Fischer/Günther (2016), S. 814.
[77] Zu Analysezwecken ist eine Aufgliederung des ROCE möglich. Siehe dafür bspw. Weber et al. (2017), S. 99-100.
[78] Vgl. Hostettler (2000), S. 155.

Average Cost of Capital (WACC), bestimmt.[79] Die Bestimmung der Gewichtung der Eigen- und Fremdkapitalkosten erfolgt anhand der jeweiligen Anteile am Gesamtkapital bei einer Zielkapitalstruktur zu Marktwerten.[80] Die Steuervorteile, die sich aus der Nutzung von Fremdkapital ergeben, werden im EVA-Konzept im Kapitalkostensatz abgebildet und als Tax-Shield (TS) bezeichnet.[81] Das Tax-Shield errechnet sich anhand der Höhe des zugrunde gelegten Steuersatzes.[82]

Durch die Multiplikation der jeweiligen Kostensätze für Eigen- und Fremdkapital mit den gewichteten Anteilen ergibt sich unter Berücksichtigung des TS die folgende Formel (2) zur Berechnung des gewichteten Kapitalkostensatzes.

$$(2)\ WACC = r_{EK} * \frac{EK}{EK+FK} + r_{FK} * TS * \frac{FK}{EK+FK}$$

mit:

$r_{EK} = Eigenkapitalkostensatz$

$EK = Eigenkapital$

$FK = Fremdkapital$

$r_{FK} = Fremdkapitalkostensatz$

$TS = 1 - s$

$s = Steuersatz$

Fremdkapitalkostensatz

Die Berechnung des Kostensatzes für das Fremdkapital (r_{FK}) ist in der Regel einfacher als für das Eigenkapital. Gemäß Stewart III handelt es sich dabei um den Zinssatz, den das Unternehmen in der aktuellen Marktsituation zur Aufnahme von neuem Fremdkapital zahlen muss.[83] Der beste Indikator für den Fremdkapitalkostensatz ist die Effektivverzinsung aller ausstehenden Verbindlichkeiten des

---

[79] Vgl. Fackler/Wimschulte (2009), S. 319.

[80] Vgl. Stewart III (1991), S. 433-434. Dies ist die offizielle Empfehlung von Stewart III. In der Praxis wird von den meisten Unternehmen eine Zielkapitalstruktur vorgegeben, die sich auf Buchwerte bezieht, Vgl. dazu bspw. Hostettler (2000), S. 170.

[81] Vgl. Böcking/Nowak (1999), S. 284.

[82] Vgl. Fackler/Wimschulte (2009), S. 319.

[83] Vgl. hierzu und im Folgenden Stewart III (1991), S. 434 und Hostettler (2000), S. 170-172. In der Literatur existieren verschiedene Vorschläge zur Bestimmung des Fremdkapitalkostensatzes. Die dargelegten Vorgehensweisen nach Stewart III und Hostettler stellen die meist genutzten dar.

Unternehmens. Eine alternative Bestimmung erfolgt über den Vergleich mit dem Zinssatz für Anleihen, die dasselbe Rating wie das betrachtete Unternehmen aufweisen. Alternativ schlägt Hostettler noch eine weitere Berechnungsweise vor. „Im Normalfall sollte sich aus der Division zwischen Zinsaufwand und durchschnittlichem Fremdkapital in etwa der für das Unternehmen relevante Zinssatz (vor Steuern) der jeweiligen Periode ergeben."[84]

Eigenkapitalkostensatz

Die Bestimmung des Eigenkapitalkostensatzes (r_{EK}) erfolgt abstrakter als die Bestimmung des Fremdkapitalkostensatzes, da es keine fest vereinbarten und erkennbaren Renditezahlungen gibt. Die Mindestrendite für das Eigenkapital ist ein Opportunitätszinssatz, den ein Investor für ein alternatives Investment mit einem vergleichbaren Risiko erhalten würde.[85] Zur Berechnung des Eigenkapitalkostensatzes hat sich in der Praxis das Capital Asset Pricing Model (CAPM) durchgesetzt.[86]

Das CAPM wurde von William F. Sharpe entwickelt und 1964 erstmals publiziert.[87] Die Mindestrendite einer Anlage ergibt sich gemäß CAPM aus der Rendite, die eine risikolose Anlage in Aussicht stellt, zuzüglich eines Risikozuschlags für das erhöhte Risiko des Investments. Formel (3) stellt die Berechnung des Eigenkapitalkostensatzes mithilfe des CAPM dar.

---

[84] Hostettler (2000), S. 170.

[85] Vgl. Stewart III (1991), S. 434.

[86] Vgl. Fackler/Wimschulte (2009), S. 320. Stewart III und Hostettler nennen weitere Berechnungsweisen für den Eigenkapitalkostensatz. Aufgrund der Tatsache, dass das CAPM sich in der Praxis durchgesetzt hat, beschränken sich die Ausführungen in dieser Arbeit auf das CAPM.

[87] Vgl. Sharpe (1964).

$$(3)\ r_{EK} = r_f + \beta * (r_m - r_f)$$

mit:

$r_f = risikoloser\ Zinssatz$

$\beta = Beta - Faktor$

$r_m = Rendite\ des\ Marktportfolios$

Für den risikolosen Zinssatz wird in der Praxis die Rendite von Staatsanleihen mit der besten Bonität und langer Laufzeit[88] genutzt. Die Marktrisikoprämie ergibt sich aus der Rendite des Marktportfolios abzüglich des risikolosen Zinssatzes. Das Marktportfolio stellt die Rendite aller möglichen Wertanlagen dar. In der Praxis werden zumeist umfangreiche Aktienindizes als Approximation für das Marktportfolio genutzt. Durch Multiplikation der Rendite des Marktportfolios mit dem Beta-Faktor des Unternehmens wird der Risikozuschlag berechnet. Der Beta-Faktor drückt den Grad des im Unternehmen enthaltenen Marktrisikos aus. Er zeigt, inwieweit Unternehmensrendite und Marktrendite gleichförmig verlaufen.[89]

2.3 Berechnung des EVA

Die Berechnung des Economic Value Added für eine Periode erfolgt mit zwei unterschiedlichen Berechnungsverfahren.

Der EVA einer Periode kann ermittelt werden, indem von der errechneten Gewinngröße[90] (NOPAT) die Kapitalkosten der abgelaufenen Periode subtrahiert werden. Die Kapitalkosten werden durch die Multiplikation der angepassten Kapitalgröße (NOA) mit dem gewichteten Kapitalkostensatz (WACC) berechnet. Die Formel im Rahmen dieser Berechnungsweise wird als Capital-Charge-Formel (4) bezeichnet.[91] Das Ergebnis liefert einen absoluten Wert.

---

[88] Beste Bonität bedeutet dementsprechend ein AAA-Rating. Lange Laufzeit bedeutet Laufzeit > 10 Jahre.

[89] Vgl. Fackler/Wimschulte (2009), S. 320-321. Für weitergehende Informationen zum CAPM siehe Sharpe (1964).

[90] Nachdem die Conversions der Kapitel 2.2.1.1. bis 2.2.1.4. durchgeführt wurden

[91] Vgl. Böcking/Nowak (1999), S. 283.

$$(4)\ EVA = NOPAT - NOA * WACC$$

Es wird deutlich, dass der Gewinn, der nach Abzug der Kosten für das Kapital verbleibt, in voller Höhe das Vermögen der Eigentümer steigert. Die Kapitalkosten stellen den absoluten Betrag dar, der von Eigen- und Fremdkapitalgebern mindestens gefordert wird. Gemäß Rappaport wird Shareholder Value geschaffen, wenn die erwirtschaftete Rendite über den Kapitalkosten liegt.[92] Der Gewinn, der nach Deckung der Kapitalkosten verbleibt, steht in vollem Umfang den Eigentümern zur Verfügung und erhöht somit den Shareholder Value. Analog wird Shareholder Value vernichtet, wenn die Kapitalkosten den NOPAT übersteigen.

Alternativ kann der EVA auch mittels der Value-Spread-Formel (5) berechnet werden. Dabei wird zuerst der Saldo aus der Vermögensrendite (ROCE) und dem gewichteten Kapitalkostensatz gezogen. Im Anschluss wird das Produkt aus dieser betrieblichen Überrendite und der Vermögensgröße (NOA) gebildet.[93]

$$(5)\ EVA = (ROCE - WACC) * NOA$$

Anhand der Value-Spread-Formel wird besonders deutlich, dass eine die Kapitalkosten übersteigende Rendite Shareholder Value schafft.[94] Sobald die Vermögensrendite (ROCE) über dem Kapitalkostensatz (WACC) liegt, wird Wert für die Eigentümer erwirtschaftet, da die Forderungen der Fremdkapitalgeber und der Mindestverzinsungsanspruch der Eigentümer bereits befriedigt wurden.

---

[92] Vgl. Rappaport (1999), S. 44.
[93] Vgl. Stewart III (1991), S. 136 und Böcking/Nowak (1999), S. 283.
[94] Vgl. Rappaport (1999), S. 44.

3 Das Konzept des Cash Value Added

Nachdem im vorangegangenen Kapitel das EVA-Konzept erläutert und hergeleitet wurde, wird im folgenden Kapitel das Konzept des Cash Value Added (CVA) behandelt. Analog zum Aufbau des Kapitels 2 werden zuerst die Grundlagen des Konzeptes erläutert. Anschließend werden die Basiselemente ausführlich dargestellt und die Berechnungsverfahren des Cash Value Added anhand der Elemente abgeleitet.

3.1 Einführung in das Konzept

Beim Cash Value Added (CVA) handelt es sich um die Spitzenkennzahl eines Wertsteigerungskonzeptes, das von der Boston Consulting Group (BCG) entwickelt und erstmals von Thomas G. Lewis 1994 in seinem Grundlagenwerk „Steigerung des Unternehmenswertes. Total Value Management" publiziert wurde. Gemessen wird der absolute Wertbeitrag zum Unternehmenswert nach dem Abzug der zugehörigen Kapitalkosten. Der CVA stellt folglich genauso wie der EVA einen Residualgewinn dar. Der Wertzuwachs wird auf Cashflow-Basis ermittelt.[95]

Der CVA stellt eine Weiterentwicklung des Cash Flow Return on Investment (CFROI) dar. Dieses Konzept wurde zu Beginn der 1980er-Jahre von der Beratungsgesellschaft HOLT, die 1991 von der BCG übernommen wurde, entwickelt.[96]

Das Unternehmen Lufthansa war lange Zeit dafür bekannt, den CVA als Steuerungskennzahl und zur Vergütungsbemessung des Managements einzusetzen. Seit 2016 wird der CVA allerdings von der Lufthansa nicht mehr verwendet.[97]

3.2 Elemente des CVA

Zur Berechnung des CVA und des CFROI werden eine Gewinngröße, eine Größe für das Kapital und die Kosten des Kapitals benötigt. Je nach Berechnungsart des CFROI ist außerdem eine Abschreibungsgröße notwendig, die sich von der buchhalterischen Abschreibung unterscheidet.[98]

---

[95] Vgl. Lewis (1995), S. 125 und Crasselt/Schremper (2001), S. 271.

[96] Vgl. Eidel (1999), S. 55. Der hier angesprochene CFROI wird in Kapitel 3.2.3. erläutert.

[97] Vgl. Geschäftsbericht der Lufthansa AG (2016), S. 79.

[98] Die hier angesprochene Ökonomische Abschreibung wird Kapital 3.2.3. erläutert.

Die Grundlage für die entsprechenden Werte bilden Buchhaltungsdaten, die der GuV, der Bilanz und der Kapitalflussrechnung entstammen. Die buchhalterischen Daten werden in reale Zahlungsmittelströme konvertiert, um anschließend einen ökonomischen Erfolgsmaßstab zu ermitteln. Um buchhalterische Verzerrungen zu eliminieren und eine ökonomische Betrachtungsweise des Unternehmens sicherzustellen, werden analog zum EVA-Konzept weitere Anpassungen vorgenommen.[99] Zu beachten ist allerdings, dass durch die Verwendung von Cashflows bedeutende buchhalterische Verzerrungen, zum Beispiel Abschreibungen, entfallen.[100] Im Folgenden werden die zu Beginn des Kapitels aufgeführten Elemente erläutert und die jeweiligen Anpassungen dargestellt.

3.2.1 Darstellung der Gewinn- und Vermögensgröße

Die Gewinngröße stellt der Brutto-Cashflow (BCF) dar. Mit dem BCF wird der nachhaltige, um ungewöhnliche Effekte bereinigte Liquiditätszufluss durch die Geschäftstätigkeit nach Steuern abgebildet. Er stellt den Betrag dar, der zur Ausschüttung an sämtliche Kapitalgeber und für Investitionen zur Verfügung steht.[101] Die Ermittlung des BCF kann mit der direkten oder der indirekten Methode erfolgen. Im Zuge der direkten Berechnungsweise werden von allen liquiditätswirksamen Erträgen die liquiditätswirksamen Aufwendungen subtrahiert.[102] Die indirekte Vorgehensweise wird in Abbildung (5) dargestellt und im Folgenden erläutert.

---

[99] Vgl. Lewis (1995), S. 40-41.
[100] Vgl. Plaschke (2003), S. 161.
[101] Vgl. Lewis (1995), S. 248 und Weber et al. (2017), S. 63.
[102] Vgl. Lewis (1995), S. 248.

Gewinn nach Steuern	
+ / -	Außerordentliche / periodenfremde Aufwendungen / Erträge
-	Fremdkapitalzinsen
-	Steueraufwand wegen fehlendem Tax-Shield
+	Abschreibungen
+ / -	Bildung / Minderung von Rückstellungen
+	Miet- und Leasingaufwendungen
+	Aufwendungen mit Investitionscharakter
+	Verdeckter Zinsaufwand
+ / -	FiFo und LiFo-Anpassungen
-	Inflationsgewinn/ -verlust
+ / -	Steuerwirkungen aufgrund der Anpassungen
=	**Brutto-Cashflow (BCF)**

Abbildung 5: Indirekte Berechnungsweise des Brutto-Cashflows[103]

Die Basis des BCF bildet der in der GuV ausgewiesene Gewinn nach Abzug der Steuern. Da bei der Berechnung des BCF das Kerngeschäft des Unternehmens betrachtet werden soll, werden außerordentliche und periodenfremde Erträge und Aufwendungen neutralisiert.[104] Der gesamte Zinsaufwand für das Fremdkapital wird der Gewinngröße wieder hinzugerechnet, um die Gesamtrentabilität abzubilden.[105] Wie im EVA-Konzept werden die Vorteile der Nutzung von Fremdkapital im Kapitalkostensatz berücksichtigt. Die Reduzierung der Steuerlast durch die Finanzierung mit Fremdkapital wird dementsprechend in der Gewinngröße neutralisiert, indem die Ersparnis zum BCF hinzugerechnet wird.[106] Abschreibungen sind nicht zahlungswirksam und werden dem BCF deshalb wieder hinzugerechnet.[107]

Auch eine Erhöhung oder Verminderung von langfristigen Rückstellungen wird neutralisiert.[108] Miet- und Leasingaufwendungen werden aufgrund ihres Finan-

---

[103] In Anlehnung an: Lewis (1995), S. 41 und Weber et al. (2017), S. 64.

[104] Vgl. Weber et.al (2017), S. 63-64.

[105] Vgl. Lewis (1995), S. 42.

[106] Vgl. Weber et.al (2017), S. 64-65. Crasselt/Schremper schlagen eine alternative Vorgehensweise vor, indem auf den Ansatz des Tax-Shield beim Kapitalkostensatz verzichtet wird und die Steuervorteile im BCF berücksichtigt werden, indem auf eine entsprechende Anpassung verzichtet wird (Vgl. Crasselt/Schremper (2001), S. 273).

[107] Vgl. Weber et al. (2017), S. 65.

[108] Vgl. Weber et al. (2017), S. 65. Bezüglich der Neutralisierung von Rückstellungen besteht in der Literatur Uneinigkeit. Bspw. fordert Lewis, dass die Bildung/Auflösung von Rückstellungen im Rahmen der BCF-Ermittlung nicht neutralisiert wird, da die entsprechenden Zah-

zierungscharakters im BCF nicht berücksichtigt und daher der Gewinngröße hinzuaddiert.[109] Auch Aufwendungen mit Investitionscharakter wie Aufwendungen für Forschung- und Entwicklung (F&E) und Werbung werden als Investition betrachtet und deshalb in der Vermögensgröße und nicht in der Gewinngröße abgebildet.[110] Analog zum EVA-Konzept werden verdeckte Zinszahlungen dem BCF hinzugerechnet. Dies betrifft zum Beispiel Lieferantenkredite.[111]

Die Bewertung des Vorratsvermögens kann wie im EVA-Konzept angepasst werden, indem ein Ansatz nach der FIFO-Methode oder der LIFO-Methode entsprechend korrigiert wird, wenn dies wesentliche Auswirkungen hat.[112] Weiterhin ist ein möglicher Inflationsgewinn oder Inflationsverlust zu berücksichtigen. Ist der Saldo aus dem gebundenen Kapital abzüglich der nicht verzinslichen Verbindlichkeiten positiv, entsteht im Zeitverlauf ein Inflationsverlust, ist er negativ, kommt es zu einem Inflationsgewinn.[113] Aufgrund der vorgenommenen Anpassungen ändert sich die Grundlage für die Bemessung der Steuerlast. Beispielsweise bewirkt die Hinzurechnung der Miet- und Leasingaufwendungen einen größeren Gewinn, der zu einer höheren Steuerlast führt. Entsprechende Änderungen sind für alle vorgenommenen Anpassungen zu berücksichtigen.[114]

Die Vermögensgröße im CVA-Konzept wird durch die Bruttoinvestitionsbasis (BIB) abgebildet. „Die BIB repräsentiert somit das Kapital, das ursprünglich von den Kapitalgebern zur Verfügung gestellt wurde, und stellt über die Nutzungsdauer die Grundlage für den Mindestverzinsungsanspruch dar."[115] Die Berechnung wird in Abbildung (6) dargestellt und im Folgenden erläutert.

---

lungsmittel nicht ausgeschüttet oder für Investitionen verwendet werden können. Es ist allerdings davon auszugehen, dass mindestens die langfristigen Rückstellungen dem Unternehmen zu Investitionszwecken zur Verfügung stehen und deshalb die Erhöhungen / Verminderungen neutralisiert werden sollten (vgl. Plaschke (2003), S. 89).

[109] Vgl. Lewis (1995), S. 41 und Weber et al. (2017), S. 66. Die Berücksichtigung dieser Aufwendungen erfolgt in der Kapitalgröße

[110] Vgl. Weber et al. (2017), S. 65.

[111] Vgl. Weber et al. (2017), S. 66.

[112] Vgl. Lewis (1995), S. 42.

[113] Vgl. Lewis (1995), S. 42.

[114] Vgl. Weber et al. (2017), S. 63-64.

[115] Crasselt/Schremper (2001), S. 272.

	Bilanzsumme
-	Nicht verzinsliche Verbindlichkeiten
-	Nicht betriebsnotwendiges Vermögen
+ / -	Außerordentliche / periodenfremde Aufwendungen / Erträge
+	Kumulierte Abschreibungen
+ / -	Wertanpassungen aufgrund von Inflation / Deflation
+	Aktivierte Miet-/ Leasinggeschäfte
+	Aktivierte Investitionsaufwendungen
+ / -	Steuerwirkungen aufgrund der Anpassungen
-	Goodwill
=	**Bruttoinvestitionsbasis (BIB)**

Abbildung 6: Berechnung der Bruttoinvestitionsbasis[116]

Als Basis der Berechnung der BIB dient der Buchwert der Vermögensgegenstände der Aktivseite der Bilanz.[117] Die Verbindlichkeiten, die nicht verzinst werden, müssen von der Bilanzsumme abgezogen werden. Dies betrifft zumeist die kurzfristigen Verbindlichkeiten und kurzfristige Rückstellungen. Langfristige Rückstellungen hingegen werden nicht abgezogen.[118] Da das nicht betriebsnotwendige Vermögen und die außerordentlichen oder periodenfremden Erträge und Aufwendungen nicht der Erwirtschaftung des BCF in der Periode gedient haben, werden sie so behandelt, als ob sie im Verlauf der Periode nicht vorhanden gewesen wären oder nie stattgefunden hätten.[119] Die kumulierten Abschreibungen der vergangenen Perioden werden addiert, um die historischen Anschaffungskosten anzusetzen. Diese Investitionen müssen an das aktuelle Preisniveau angepasst werden, um sie mit dem aktuell erwirtschafteten BCF vergleichen zu können.[120]

Da Leasing- und Mietgeschäfte mit erworbenen Vermögensgegenständen gleichgestellt werden, müssen beide Geschäfte, falls sie nicht aktiviert wurden, zu fiktiven Anschaffungs-/ Herstellungskosten aktiviert werden, da sie zur Erwirtschaftung der BCF genutzt werden. Die Wirkungen der Leasing- und Mietaufwendungen in der Bilanz müssen rückgängig gemacht werden.[121] Aufwendungen, die Investitionen entsprechen, sind zu aktivieren. Lewis führt insbesondere For-

---

[116] In Anlehnung an: Lewis (1995), S. 41 und Weber et al. (2017), S. 67.
[117] Vgl. Lewis (1995), S. 41.
[118] Vgl. Weber et al. (2017), S. 67.
[119] Vgl. Weber et al. (2017), S. 67-68.
[120] Vgl. Lewis (1995), S. 43.
[121] Vgl. Lewis (1995), S. 60-61 und Weber et al. (2017), S. 68.

schungs- und Entwicklungsaufwendungen (F&E) und Aufwendungen für Werbung an, da beides der langfristigen Erzielung des BCF dient. Die Aufwendungen werden somit aktiviert und abgeschrieben. Lewis empfiehlt je nach Art, Zweck und Branche eine Abschreibungsdauer von drei bis fünf Jahren für F&E-Aufwendungen und eine Abschreibungsdauer von vier bis fünf Jahren für Werbung.[122]

Durch die Aktivierung von zusätzlichen Vermögensgegenständen entstehen Abschreibungen, die eine Senkung der Steuerlast bewirken. Auf der anderen Seite entfallen Aufwendungen und Abschreibungen für nicht einbezogene Aufwendungen und für Vermögensgegenstände, die von der Bilanzsumme abgezogen wurden. Beides bewirkt eine höhere Steuerbelastung. Alle damit zusammenhängenden Auswirkungen auf die BIB müssen berücksichtigt werden.[123] Bei der Beurteilung der Performance eines Unternehmens wird der erworbene (derivative) Goodwill nicht angesetzt und deshalb, falls er bilanziert wurde, von der BIB abgezogen.[124]

3.2.2 Darstellung der ökonomischen Abschreibung

Die ökonomische Abschreibung (ÖA) stellt den Betrag dar, der in jedem Jahr verzinslich angelegt werden muss, um die ursprünglichen Investitionen in die abschreibbaren Aktiva (AA) während der kompletten ökonomischen Nutzungsdauer wieder zu verdienen. Als Zinssatz der Anlage wird der gewichtete Kapitalkostensatz (WACC) genutzt.[125]

Die Bestimmung der ökonomischen Nutzungsdauer ist nicht abhängig von der handels- oder steuerrechtlichen Dauer der Abschreibung. Sie stellt die Zeit dar, in der mit dem abschreibbaren Anlagevermögen BCF erwirtschaftet werden können. Zur Berechnung wird ein gewichteter Durchschnittswert der ökonomischen Nutzungsdauer aller Anlagen gebildet.[126]

---

[122] Vgl. Lewis (1995), S. 58.
[123] Vgl. Weber et al. (2017), S. 67-68.
[124] Vgl. Lewis (1995), S. 60. Wird der CVA für andere Zwecke, z. B. zur Beurteilung einer früheren Akquisition berechnet, befürwortet Lewis eine Aktivierung des erworbenen Goodwills.
[125] Vgl. Plaschke (2003), S. 144-146 und Stelter (1999), S. 235.
[126] Vgl. Plaschke (2003), S. 144.

Im Regelfall ist die ökonomische Abschreibung geringer als eine buchhalterische lineare Abschreibung. Dies ist durch den Zinseffekt und durch die Tatsache, dass die Dauer der tatsächlichen ökonomischen Nutzung eines Vermögensgegenstandes zumeist länger als die steuer- oder handelsrechtlich angesetzte Nutzungsdauer ist, begründet.[127]

Die ÖA wird berechnet, indem der anzusparende Betrag unter Berücksichtigung von Zins und Zinseszins in gleich hohe Beträge auf die Nutzungsdauer aufgeteilt wird. Wie in Formel (6) dargestellt, wird dafür der Rückwärtsverteilungsfaktor mit den abschreibbaren Aktiva multipliziert.[128]

$$(6)\ \ddot{O}A = \frac{WACC}{(1+WACC)^{ND}-1} * AA$$

3.2.3 Darstellung der Vermögensrendite

Der CFROI stellt die relative Gesamtkapitalrendite einer Periode dar, die in Bezug auf die Kapitalbasis erzielt werden konnte.[129] Dabei existieren zwei unterschiedliche Berechnungsvarianten für den CFROI. Die ältere erste Version verwendet zur Ermittlung die Formel des internen Zinsfußes. Da in der Praxis allerdings große Probleme in der Kommunizierbarkeit und der Verständlichkeit auftraten, nutzt die BCG seit 1998 eine algebraische Ermittlungsweise des CFROI.[130] Die neuere Berechnungsweise ähnelt in stärkerem Ausmaß der Ermittlung traditioneller Renditekennzahlen.[131] Im Folgenden wird aufgrund der Praxisrelevanz nur die zweite Berechnungsweise des CFROI dargestellt.

Der erste Schritt der algebraischen Berechnung des CFROI ist, einen nachhaltig erzielbaren Cashflow zu ermitteln. Zugrunde gelegt wird das Prinzip des Going-Concern, d. h. der langfristigen Weiterführung des Unternehmens. Der operativ erwirtschaftete Cashflow (BCF) wird um die ökonomische Abschreibung (ÖA) reduziert, um zusätzlich zur operativen Leistungsfähigkeit das anfängliche Invest-

---

[127] Vgl. Plaschke (2003), S. 145.
[128] Vgl. Plaschke (2003), S. 146.
[129] Vgl. Crasselt/Schremper (2001), S. 271.
[130] Vgl. Groll (2003), S. 73. und Plaschke (2003), S. 145.
[131] Vgl. Crasselt/Pellens/Schremper (2000), S. 205.

ment zu verdienen.[132] Der so ermittelte nachhaltige Cashflow wird, wie in Formel (7) dargestellt, zur Kapitalgröße (BIB) ins Verhältnis gesetzt.

$$(7)\ CFROI = \frac{BCF-\ddot{O}A}{BIB}$$

Durch die Ermittlung des Verhältnisses von nachhaltigem Cashflow zur Kapitalgröße wird deutlich, dass der CFROI eine Vermögensrendite darstellt, die zeigt, welche nachhaltige relative Rendite auf das Investment der Kapitalgeber erzielt werden konnte.

3.2.4 Darstellung des Kapitalkostensatzes

Der Kapitalkostensatz erfüllt im CVA-Konzept zwei Funktionen: Zum einen stellt er die geforderte Mindestrendite der Kapitalgeber dar. Zum anderen dient der Kapitalkostensatz als Diskontierungsfaktor für zukünftige Cashflows, um den Unternehmenswert zu bestimmen.[133]

„Die Kapitalkosten setzen sich aus den gewichteten Kosten für Fremdkapital (real nach Steuern) und für Eigenkapital (real nach Ertrags- und sonstigen Steuern der Unternehmung und vor Steuern des Investors) zusammen. Die Gewichtung reflektiert das Finanzierungsverhältnis des Unternehmens."[134] Dementsprechend kann der Kapitalkostensatz analog zum EVA-Konzept als WACC bezeichnet werden.

In der Literatur ist die Ermittlung des Kapitalkostensatzes im Rahmen des CVA-Konzeptes nicht abschließend geregelt.[135] In der einschlägigen Literatur und in der Praxis wird mittlerweile die Nutzung des CAPM präferiert.[136] Die Berechnung der WACC erfolgt dann ggf. mit Ausnahme des Einbezugs des TS analog zur Vorgehensweise im EVA-Konzept.[137]

Der Einbezug eines möglichen Tax-Shield in der Berechnung des Kapitalkostensatzes ist in der Literatur nicht abschließend geklärt. Stelter und Weber et al. be-

---

[132] Vgl. Plaschke (2003), S. 145-146.

[133] Vgl. Lewis (1995), S. 81.

[134] Lewis (1995), S. 81.

[135] Vgl. dazu und im Folgenden: Weber et al. (2017), S. 69.

[136] Vgl. Weber et al. (2017), S. 69 und Crasselt/Schremper (2001), S. 273.

[137] Siehe für die Darstellung des CAPM: Kapitel 2.2.3.

rücksichtigen die steuerlichen Vorteile der Nutzung von Fremdkapital im Kapitalkostensatz. Dies geschieht durch den Einbezug eines TS.[138]

Lewis verwendet bei der Berechnung der Kapitalkosten nicht das CAPM, sondern bedient sich einer Ableitung der Kapitalkosten vom Kapitalmarkt.[139] Die Grundlage der Berechnung nach Lewis bildet eine Datenbank mit Unternehmens- und Aktienkursinformationen börsennotierter Gesellschaften. Bezogen auf Deutschland werden die entsprechenden Daten von Unternehmen erfasst, die zusammen ca. 50 % der Gesamtmarktkapitalisierung ausmachen. Für jedes Unternehmen wird ein individueller CFROI ermittelt. Durch Zusammenfassung der einzelnen CFROI wird der CFROI der sogenannten Deutschland AG gebildet. Eine Cashflow-Prognose wird mit der tatsächlichen Bewertung des jeweiligen Unternehmens verglichen.[140] „Die Kapitalkosten sind dann gleich jenem Zinssatz, mit dem die zukünftigen Cash-flows den tatsächlichen Unternehmenswerten im Kapitalmarkt entsprechen."[141]

3.3 Berechnung des CVA

Zur Ermittlung des Cash Value Added für eine Periode können zwei unterschiedliche Berechnungsverfahren angewendet werden.

Im Zuge der direkten Ermittlungsweise werden vom erwirtschafteten BCF der Periode die ökonomische Abschreibung (ÖA) und die Kosten des Kapitals, das zu Beginn der Periode zur Verfügung stand, in Abzug gebracht.[142] Die Berechnung der Kosten des Kapitals erfolgt, indem der Kapitalkostensatz mit der Kapitalgröße multipliziert wird. Analog zum EVA-Konzept wird die direkte Ermittlung als Capital-Charge-Formel (7) bezeichnet.

---

[138] Vgl. Weber et al. (2017), S. 69. Crasselt/Schremper plädieren dafür, keinen TS bei der Berechnung der Kapitalkosten zu berücksichtigen, sondern die Vorteile aus der Fremdkapitalnutzung im BCF abzubilden (vgl. Crasselt/Schremper (2001), S. 273).

[139] Vgl. Lewis (1995), S. 81 und S. 126.

[140] Vgl. Lewis (1995), S. 81-82.

[141] Lewis (1995), S. 82.

[142] Vgl. Weber et al. (2017), S. 62-63.

$$(7)\ CVA = BCF - \ddot{O}A - (WACC * BIB)$$

Da der verbleibende BCF um die Kapitalkosten und die ökonomische Abschreibung reduziert ist, steht er in komplettem Umfang den Eigentümern des Unternehmens zu. Die Erwirtschaftung der ursprünglichen Investition, die Ansprüche der Fremdkapitalgeber und die Mindestrenditeforderung der Eigentümer wurden bereits in Form der ÖA und der Kapitalkosten berücksichtigt. Dementsprechend steigert der verbleibende Wert, sofern er positiv ist, in vollem Umfang den Shareholder Value.

Die zweite Berechnungsweise des CVA stellt die indirekte Berechnung dar. In einem ersten Schritt wird der Kapitalkostensatz (WACC) von der Vermögensrendite (CFROI) in Abzug gebracht. Die entstandene Über- bzw. Unterrendite wird mit der Kapitalgröße (BIB) multipliziert. Diese Vorgehensweise wird wie im EVA-Konzept als Value-Spread-Formel (8) bezeichnet.[143]

$$(8)\ CVA = (CFROI - WACC) * BIB$$

Der Residualgewinncharakter des CVA wird anhand dieser Formel verdeutlicht. Die Erwartungen der Kapitalgeber werden umso stärker übertroffen, je deutlicher der CFROI die gewichteten Kapitalkosten übersteigt. Wertschaffung wurde dementsprechend nur erzielt, wenn die Rentabilität (CFROI) über dem Kapitalkostensatz liegt.[144] Der dadurch erwirtschaftete absolute Betrag erhöht das Vermögen der Eigentümer, da sämtliche Kapitalkosten und die Kosten für zukünftige Investitionen durch die ÖA bereits berücksichtigt wurden.

---

[143] Vgl. Crasselt/Schremper (2001), S. 271.
[144] Vgl. Lewis/Stelter (1993), S. 111.

4 Bewertung und Vergleich der Konzepte

Nachdem das EVA-Konzept und das CVA-Konzept in den vorangegangenen Kapiteln erläutert und dargestellt wurden, erfolgt in diesem Kapitel ein Vergleich dieser wertorientierten Kennzahlen als Spitzenkennzahl eines Anreizsystems. Zunächst werden die Begriffe Anreizsystem und Spitzenkennzahl erläutert. Im Anschluss werden die bedeutendsten Anforderungen an ein Anreizsystem und an eine Spitzenkennzahl dargestellt. Abschließend werden das EVA-Konzept und das CVA-Konzept im Hinblick auf die Erfüllung der Anforderungen verglichen.

4.1 Anreizsystem und Spitzenkennzahl

Anreize stellen Instrumente dar, die das Leistungsverhalten und die Entscheidungen der Mitarbeiter (hier insbesondere des Managements) positiv beeinflussen sollen.[145] In Bezug auf den Shareholder-Value-Ansatz soll durch ein Anreizsystem dementsprechend erreicht werden, dass das Management sämtliche Unternehmensaktivitäten auf die Mehrung des Shareholder Value ausrichtet.[146] Anreize können in verschiedene Kategorien unterteilt werden. Eine grobe Untergliederung kann in materielle und immaterielle Anreize erfolgen. Unter die materiellen Anreize fallen alle monetär bewertbaren und finanziellen Anreize. Die finanziellen Anreize können wiederum in feste Bestandteile wie das Grundgehalt und in variable Bestandteile wie Bonuszahlungen und variable Gehaltsanteile unterteilt werden.[147] In der vorliegenden Arbeit sind ausschließlich variable Anreize, die an den Unternehmenserfolg gekoppelt werden, von Relevanz.[148]

Eine Spitzenkennzahl stellt die Schlüsselverhältniszahl eines Kennzahlensystems dar und wird nicht zur Erklärung anderer Kennzahlen herangezogen. Sie kann in weitere Kennzahlen zerlegt werden, um Einflussfaktoren offenzulegen und zu analysieren. Den handelnden Personen soll es damit möglich sein, die Zusammenhänge von Ursache und Wirkung sowie konkrete Maßnahmen zur Beeinflussung der Kennzahl zu identifizieren.[149] In Bezug auf diese Arbeit stellt die Spit-

---

[145] Vgl. Grewe (2012), S. 8.
[146] Vgl. Rappaport (1999), S. 4.
[147] Vgl. Plaschke (2003), S. 23-24.
[148] Siehe für eine detailliertere Klassifizierung von Anreizen bspw. Plaschke (2003), S. 24.
[149] Vgl. Baier (2008), S. 140.

zenkennzahl die Bemessungsgrundlage für die variable, erfolgsabhängige Zahlung an das Management dar.

4.2 Gegenüberstellung von EVA und CVA

Zur Gegenüberstellung von Kennzahlen müssen Anforderungen formuliert werden. In der Literatur wurden bereits eine Vielzahl von Anforderungen für Anreizsysteme und die Bemessungsgrundlage für variable Gehaltszahlungen erarbeitet. Die in dieser Arbeit verwendeten Kriterien folgen den Anforderungen an Bemessungsgrundlagen und an Steuerungsgrößen von Coenenberg/ Fischer/Günther,[150] Weber et al.[151] und Plaschke.[152] Diese Kriterien werden so oder in ähnlicher Form zum Teil mit anderen Bezeichnungen auch von weiteren Autoren empfohlen.[153]

Anreizverträglichkeit: Damit eine Kennzahl anreizverträglich ist, muss sie zielkongruent sein. Das bedeutet, dass das Anreizsystem bzw. die Spitzenkennzahl auf das oberste Ziel des Unternehmens ausgerichtet sein muss und die Entwicklung des übergeordneten Gesamtziels abbilden soll. Gemäß Rappaport stellt die Erhöhung des Shareholder Value das übergeordnete Ziel des Unternehmens und damit das Kriterium für die Zielkongruenz dar.[154]

Kommunikationsfähigkeit: Das beabsichtigte Ziel des Einsatzes eines Anreizsystems, die Erhöhung des Shareholder Value, kann nur erreicht werden, wenn Kommunikationsfähigkeit gegeben ist. Unter diesem Kriterium werden die Unterkriterien Verständlichkeit und Analysefähigkeit subsumiert. Werttreiber müssen identifizierbar sein. Dies ermöglicht die Beeinflussung der Kennzahl durch vorteilhaftes Verhalten und stellt einen Entscheidungsbezug[155] zwischen der Kennzahl und den Entscheidungen des Managements sicher. Dies ist

---

[150] Vgl. Coenenberg/Fischer/Günther (2016), S. 794-799 und S. 847.

[151] Vgl. Weber et al. (2017), S. 70-71.

[152] Vgl. Plaschke (2003), S. 102-111.

[153] Siehe bezüglich anderer Bezeichnungen und Beschreibungen bspw. Grewe (2012), S. 13 und Mayer/Pfeiffer/Reichel (2005), S. 13-15.

[154] Vgl. Rappaport (1999), S. 1-3.

[155] Vgl. Coenenberg/Fischer/Günther (2016), S. 847.

insbesondere von Bedeutung, weil nur ein transparentes und akzeptiertes Anreizsystem zur gewünschten Wirkung führt.[156]

Wirtschaftlichkeit: Die Auswahl und die Berechnung einer Kennzahl sind genauso wie die Implementierung und Pflege eines Anreizsystems mit Aufwand verbunden. Der entstandene Nutzen sollte die damit verbundenen Kosten übersteigen. Ist dies nicht der Fall, widerspricht eine Einführung der Kennzahl dem Shareholder-Value-Ansatz. Je effizienter die Ermittlung erfolgt, desto positiver ist die Kennzahl zu beurteilen.[157]

Leistungsorientierung: Damit dem Management die richtigen Anreize geboten werden und dieses sein Handeln auf die Steigerung des Shareholder Value ausrichtet, sollte die Kennzahl sich an der tatsächlichen Managementleistung orientieren. Im besten Falle sollte ein Anreizsystem dementsprechend nur die Wertsteigerung entlohnen, die auf das Handeln des Managements zurückzuführen ist, und nur dann einen positiven Wert ausweisen, wenn tatsächlich Wert geschaffen wurde.[158]

Manipulationsresistenz: Um nur die tatsächliche Wertsteigerung zu honorieren und die Ausnutzung von Informationsassymetrien zu begrenzen, ist es essenziell, dass die Kennzahl möglichst wenig Potenzial zur Manipulation bietet.[159]

Im folgenden Kapitel werden der EVA und der CVA anhand dieser Anforderungen verglichen.

4.2.1 Anreizverträglichkeit

Das oberste Ziel eines Unternehmens stellt nach Rappaport die Wertsteigerung für die Eigentümer und damit die Maximierung des Shareholder Value dar.[160] Um zielkongruent zu sein und damit das Kriterium der Anreizverträglichkeit zu erfüllen, muss eine Kennzahl den Wertzuwachs dementsprechend abbilden. Sowohl der EVA als auch der CVA sind Residualgewinnkonzepte. Somit können die folgenden Erläuterungen analog für beide Konzepte zugrunde gelegt werden.

---

[156] Vgl. Fischer/Gülgel (2013), S. 130.
[157] Vgl. Coenenberg/Fischer/Günther (2016), S. 799 und Fischer/Gülgel (2013), S. 130.
[158] Vgl. Plaschke (2003), S. 103-104.
[159] Vgl. Weber et al. (2017), S. 81.
[160] Vgl. Rappaport (1999), S. 1-3.

Zwischen dem Periodenerfolg in Form eines Residualgewinns und dem Gesamter-folg besteht ein grundlegender analytischer Zusammenhang. Dieser Zusammen-hang wird auch als Lücke-Theorem bezeichnet und geht auf die Ausarbeitung von Wolfgang Lücke aus dem Jahr 1955 zurück.[161] Dementsprechend kann der Unter-nehmensgesamtwert (UGW) sowohl auf Basis zukünftiger Cashflows als auch mithilfe von Periodenerfolgen berechnet werden.[162]

$$(9) \; UGW_0 = \frac{FCF_1}{1+WACC} + \frac{FCF_2}{(1+WACC)^2} + \cdots + \frac{FCF_T}{(1+WACC)^T}$$

Formel (9) zeigt die Berechnung des UGW anhand diskontierter zukünftiger freier Cashflows (FCF). Die FCF stellen die Zahlungsmittel dar, die zur Ausschüttung an die Kapitalgeber zur Verfügung stehen. Sie sind als operatives Ergebnis nach Steuern, reduziert um Investitionen, die über den Abschreibungen liegen, defi-niert. Als Diskontierungsfaktor wird der gewichtete Kapitalkostensatz genutzt.

$$(10) \; UGW_0 = BIK_0 + \frac{RG_1}{1+WACC} + \frac{RG_2}{(1+WACC)^2} + \cdots + \frac{RG_T}{(1+WACC)^T}$$

Formel (10) stellt die alternative Berechnung des Unternehmensgesamtwertes mithilfe des Residualgewinns dar. Die Summe aus den zukünftigen diskontierten Residualgewinnen und dem Buchwert des investierten Kapitals (BIK) ergibt eben-falls den Unternehmensgesamtwert.

Zur Messung des zukünftigen Gesamterfolges kann der Market Value Added (MVA) genutzt werden.[163] Durch den MVA wird der Marktwertzuwachs abgebil-det. Mit zwei unterschiedlichen Berechnungsweisen wird der Zusammenhang zwischen Perioden- und Gesamterfolg verdeutlicht.

$$(11) \; MVA_0 = UGW_0 - BIK_0$$

$$(12) \; MVA_0 = \frac{RG_1}{1+WACC} + \frac{RG_2}{(1+WACC)^2} + \cdots + \frac{RG_T}{(1+WACC)^T}$$

Formel (11) zeigt, dass Wert geschaffen wurde, wenn der berechnete Unterneh-mensgesamtwert den Buchwert des investierten Kapitals übersteigt. Analog dazu verdeutlicht Formel (12), dass Wert in der Höhe der diskontierten Übergewinne

---

[161] Vgl. Lücke (1955).

[162] Vgl. hierzu im Folgenden: Richter/Honold (2000), S. 265-267.

[163] Die Eignung des MVA als Maßstab für den Gesamterfolg wird in dieser Arbeit nicht eruiert. Siehe diesbezüglich bspw. Richter/Honold (2000), S. 270-271.

geschaffen wurde. Aufgrund der bereits erfolgten Berücksichtigung der Kapital-kosten und des Fremdkapitals im BIK mehrt der MVA das Vermögen der Share-holder.

Es konnte verdeutlicht werden, dass zwischen dem Residualgewinn als Perioden-erfolg und dem MVA als Gesamterfolg und damit auch zum Shareholder Value ein analytischer Zusammenhang besteht. Die Relevanz dieses Zusammenhangs ist allerdings einzuschränken. Es besteht lediglich ein Zusammenhang zwischen dem MVA und sämtlichen diskontierten Residualgewinnen.[164] Ferner ändert sich durch Erwartungsänderungen, die bei Unsicherheit zwangsläufig eintreten, der MVA. Zukünftige Residualgewinne können bei Unsicherheit ebenfalls nicht mit Sicher-heit prognostiziert werden.[165]

Damit die Anforderungen der Zielkongruenz und damit die Anreizverträglichkeit erfüllt sind, muss ein direkter Zusammenhang zwischen der Kennzahl und der Zielgröße bestehen. Da dieser Zusammenhang lediglich analytisch zwischen MVA und allen zukünftigen diskontierten Residualgewinnen besteht, ist das Kriterium der Zielkongruenz nicht erfüllt. Allerdings gilt dies für Residualgewinne im All-gemeinen und damit sowohl für den EVA als auch für den CVA. Damit ist in diesem Punkt keine der beiden Kennzahlen der anderen überlegen.

4.2.2 Kommunikationsfähigkeit

Ein zu kompliziertes Anreizsystem ist nicht zweckmäßig. Ein Anreizsystem und die zugehörige Spitzenkennzahl wirken sich nur dann positiv auf das Ziel der Un-ternehmenswertsteigerung aus, wenn sie verständlich und nachvollziehbar sind. Das bedeutet zum einen, dass die Ursachen von Änderungen und die Einflussfak-toren der Kennzahl erkennbar sind. Zum anderen müssen die Interdependenzen zwischen den Einflussfaktoren analysierbar sein. Der Grad der Verständlichkeit wirkt sich außerdem auf die Akzeptanz des Anreizsystems aus. Die Verständlich-keit ist umso besser, je unkomplizierter und nachvollziehbarer Konzeption und Ausgestaltung sind.[166]

Beide Konzepte basieren auf der Datengrundlage des Rechnungswesens. Im Re-gelfall sind diese Daten und ihre Berechnungsweise dem Management eines Un-

---

[164] Vgl. Richter/Honold (2000), S. 265.
[165] Vgl. Richter/Honold (2000), S. 272.
[166] Vgl. Fischer/Gülgel (2013), S. 130.

ternehmens grundlegend vertraut. Die Wissensanforderungen an das Management sind bei beiden Konzeptionen ähnlich.[167] Eingeschränkt wird die Verständlichkeit beider Kennzahlen allerdings durch die vorgenommenen Änderungen an der Datenbasis.[168]

Die Namensgebung beider Konzepte suggeriert eine direkte Verbindung des Periodenerfolgs zum Unternehmenswert. Wie in Kapitel 4.2.1. dargestellt, ist diese direkte Verbindung in der Praxis so nicht gegeben. Zusätzliche Verständnisprobleme weist der CVA auf. Trotz der Namensgebung zeigt das Konzept nicht nur Zahlungsstromgrößen, sondern auch kalkulatorische Elemente wie die Kapitalkosten. Außerdem stellt die ÖA-Abschreibung ein mehrperiodisches Vorgehen dar.[169] Auch die Bestimmung der Kapitalkosten ist im CVA-Konzept nicht abschließend geklärt.[170] Zusammengefasst ist der EVA für Personen ohne entsprechendes Wissen intuitiver verständlich als der CVA.

Zur Gewährleistung von Kommunizierbarkeit ist es außerdem von Bedeutung, dass wesentliche Wert- und Kostentreiber der Kennzahl ermittelt und analysiert werden können. Da sowohl das EVA-Konzept als auch das CVA-Konzept einen Residualgewinn darstellen, gelten im Wesentlichen dieselben Wert- und Kostentreiber.[171] In Abbildung (7) werden die vier wesentlichen Wert- und Kostentreiber für den Residualgewinn und beispielhafte Einflussgrößen dieser Treiber dargestellt.

---

[167] Vgl. Weber et al. (2017), S. 83.
[168] Vgl. Kapitel 2.2.1.1.-2.2.1.4. und Kapitel 3.2.1.
[169] Vgl. Weber et al. (2017), S. 84.
[170] Vgl. Kapitel 3.2.4.
[171] Vgl. Coenenberg/Fischer/Günther (2016), S. 884.

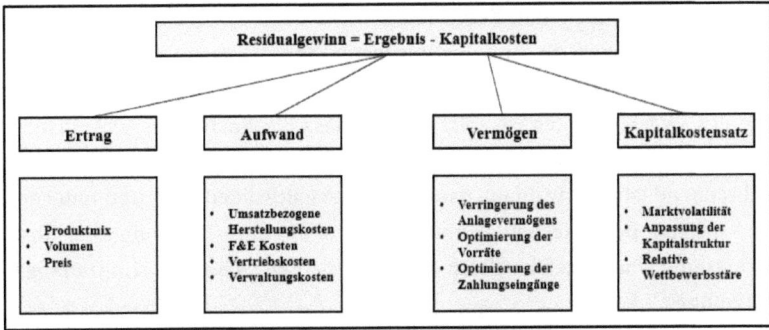

Abbildung 7: Wert- und Kostentreiber des Residualgewinns[172]

Der Grad der Analysefähigkeit ist bei beiden Konzepten, da es sich jeweils um Residualgewinne handelt, größtenteils identisch. Das EVA-Konzept ist allerdings leichter verständlich als das CVA-Konzept, da der Zusammenhang zu den zugrunde liegenden Buchhaltungsgrößen erkennbar ist und keine großen Unklarheiten im Konzept bestehen.

4.2.3 Wirtschaftlichkeit

Die Verwendung einer Spitzenkennzahl im Rahmen eines Anreizsystems ist nur dann sinnvoll, wenn der resultierende Nutzen die Kosten übersteigt. Insbesondere die Quantifizierung des Nutzens ist praktisch nicht möglich, da nicht mit ausreichender Sicherheit dargelegt werden kann, in welchem Umfang die Verwendung der Kennzahl für ein positives Ergebnis verantwortlich ist. Aus diesem Grund findet die Beurteilung nachfolgend ausschließlich anhand der Kosten statt.

Die Unterteilung der Kosten erfolgt in Einführungs- und Nutzungskosten. Die relevanten Grunddaten entstammen bei beiden Konzepten dem Rechnungswesen. Die Kosten der Einführung entstehen somit hauptsächlich durch Aufwendungen für Schulungsmaßnahmen und notwendige Anpassungen. Laufende Kosten der Kennzahlennutzung entstehen je nach Umfang der Änderungen durch die mögliche Erforderlichkeit einer speziellen Buchhaltung.[173]

---

[172] In Anlehnung an: Coenenberg/Fischer/Günther (2016), S. 885. Für eine weitere Aufgliederung der Wert- und Kostentreiber siehe bspw. Coenenberg/Fischer/Günther (2016), S. 885-886.

[173] Vgl. Weber et.al (2017), S. 85-86.

Die Verständlichkeit der Kennzahlen wirkt dementsprechend als wesentlicher Kostentreiber, weil die Aufwendungen für Anpassungen und Schulungsaufwendungen steigen oder fallen. Da die Verständlichkeit des EVA-Konzeptes besser als die des CVA-Konzeptes ist, folgt daraus, dass die Kosten des EVA, insbesondere Einführungs- und Schulungskosten, in der Regel als geringer anzusehen sind. Einschränkend ist zu erwähnen, dass die Wirtschaftlichkeit aufgrund unternehmensspezifischer Besonderheiten abweichend sein kann. Die laufenden Kosten der Ermittlung sind ungefähr gleich hoch und richten sich nach dem Umfang der Anpassungen.[174]

4.2.4 Leistungsorientierung

Eine Belohnung (Bestrafung) des Managements für Sachverhalte, die nicht aus dem Handeln des Managements entstehen, läuft dem Ziel eines Anreizsystems entgegen. Honoriert werden sollen ausschließlich tatsächlich wertsteigernde Aktivitäten. Das bedeutet, dass die Kennzahl frei von Einflussfaktoren sein muss, die nicht auf die Leistung des Managements zurückzuführen sind. Ein positiver (negativer) Ausweis soll nur aufgrund von Sachverhalten erfolgen, auf die das Management Einfluss nehmen oder auf die es reagieren kann.[175] Gleiche Leistungen sollen dementsprechend gleich dargestellt werden.

Die Kapitalkosten werden im EVA-Konzept durch die Multiplikation des Kapitalkostensatzes (WACC) mit der Kapitalgröße (NOA) ermittelt. Durch Abschreibungen sinkt die Kapitalgröße kontinuierlich in jeder Periode, wenn keine weiteren Investitionen durchgeführt werden. Daraus folgt, dass auch die Kapitalkosten in jeder Periode geringer ausfallen. Wird unter sonst gleichen Voraussetzungen im Verlauf der Perioden ein konstanter NOPAT erzielt, steigt der EVA in jeder Periode an.[176] Dadurch wird eine Verbesserung der Unternehmensleistung suggeriert, ohne dass das Unternehmen tatsächlich profitabler agiert hat. Ein weiterer daraus folgender negativer Punkt ist, dass reife Unternehmen mit bereits weit

---

[174] Vgl. Weber et.al (2017), S. 86.

[175] Vgl. Plaschke (2003), S. 103-104.

[176] In der Literatur werden die Sinking-fund-depreciation und die Durchschnittsbetrachtung als Verfahren vorgeschlagen, um die Verzerrungen durch Abschreibungen zu bereinigen. Beide Verfahren erweisen sich in der praktischen Anwendung jedoch als schwierig. Siehe diesbezüglich bspw. Crasselt/Pellens/Schremper (2000), S. 76-78.

abgeschriebenem Vermögen profitabler dargestellt werden als junge Unternehmen, auch wenn die tatsächliche operative Leistung gleich ist.[177]

Die Vermögensgröße im CVA-Konzept wird hingegen anhand der historischen Investitionen ermittelt. Sowohl Abschreibungseffekte als auch Inflationseffekte werden angepasst.[178] Im Gegensatz zum EVA bleiben die Kapitalkosten konstant, wenn keine neuen Investitionen vorgenommen werden. Die Größe der ÖA wird als konstanter Betrag für die Erwirtschaftung der ursprünglichen Investition angesetzt. Der CVA ist damit frei von Verzerrungen durch Abschreibungen und die Altersstruktur des Vermögens. Eine konstante Performance bewirkt dementsprechend einen konstanten CVA.[179]

In Bezug auf die Leistungsorientierung der Kennzahlen ist der CVA dem EVA deutlich überlegen, da der CVA bei unveränderter Leistung konstante Ergebnisse abbildet. Durch den Ausweis einer erhöhten Wertschaffung trotz konstanter operativer Leistung erfüllt das EVA-Konzept die Anforderung der Leistungsorientierung an eine Spitzenkennzahl in einem Anreizsystem nicht. Außerdem sind Unternehmensleistungen aufgrund der Neutralisation von Alterseffekten mit dem CVA besser vergleichbar als anhand des EVA. Die Vergleichbarkeit ist allerdings auch immer vom Umfang der Anpassungen abhängig.[180]

4.2.5 Manipulationsresistenz

Je weniger Möglichkeiten der bewussten Beeinflussung durch das Management bestehen, um eine höhere Wertsteigerung darzustellen, als tatsächlich erzielt wurde, desto besser eignet sich die Kennzahl als Spitzenkennzahl eines Anreizsystems.[181]

Die Datengrundlage beider Konzepte bildet das Rechnungswesen. Eine Manipulation der Daten des Rechnungswesens kann demnach auch den ausgewiesenen EVA oder CVA beeinflussen, wenn die Manipulation nicht im Rahmen der Anpassungen behoben wird. Der EVA stellt eine angepasste Gewinngröße dar. Demge-

---

[177] Vgl. Richter/Honold (2000), S. 268 und Plaschke (2003), S. 160.
[178] Vgl. Kapitel 3.2.1.
[179] Vgl Plaschke (2003), S. 161-162 und Richter/Honold (2000), S. 268.
[180] Vgl. Eidel (1999), S. 318.
[181] Vgl. Weber et al. (2017), S. 81.

genüber ist der CVA eine am Cashflow orientierte Größe, die tendenziell weniger Raum für Manipulationen bietet.

Manipulationsmöglichkeiten ergeben sich vor allem dort, wo Ermessensspielräume bestehen. Dies betrifft insbesondere die Klassifikation von Gewinnkomponenten und Vermögensgegenständen als operativ oder nicht operativ und die Behandlung von Gewinnkomponenten als gewöhnlich oder ungewöhnlich. Durch Informationsvorteile des Managements kann es dazu kommen, dass stille Reserven nicht in vollem Umfang aufgedeckt werden.[182]

Eine weitere Manipulationsmöglichkeit ergibt sich in beiden Konzepten durch die Nutzungsdauer des Kapitals. Im EVA-Konzept beeinflusst die Höhe der Abschreibung die Kapitalgröße. Im CVA-Konzept wirkt sich die Nutzungsdauer auf die ökonomische Abschreibung und damit den ausgewiesenen Wert aus. Wenn eine längere Nutzungsdauer durchgesetzt werden kann, sinken in beiden Konzepten die Abschreibungsbeträge. Damit kann der ausgewiesene Wert erhöht werden.[183]

Die Manipulationsmöglichkeiten in beiden Konzepten gleichen sich teilweise. Insbesondere die Ermessensspielräume im Zuge der Kategorisierung von Gewinn- und Kapitalkomponenten bieten in beiden Konzepten Manipulationsansätze. Auch die Beeinflussung der Nutzungsdauer von Vermögensgegenständen kann zur Manipulation genutzt werden. Allerdings stellt der CVA eine am Cashflow orientierte Größe dar und ist dementsprechend unempfindlicher gegenüber buchhalterischen Manipulationen als der EVA, der eine angepasste Gewinn- und Kapitalgröße aus der Buchhaltung verwendet.

---

[182] Vgl. Eidel (1999), S. 317.
[183] Vgl. Weber et al. (2017), S. 82.

4.3 Übersicht und Bewertung

Zum Abschluss des Kapitels wird die Erfüllung der vorgestellten Kriterien durch den EVA und den CVA noch einmal gegenübergestellt. Außerdem wird die übergeordnete Frage der besseren Eignung als Spitzenkennzahl eines Anreizsystems beantwortet.

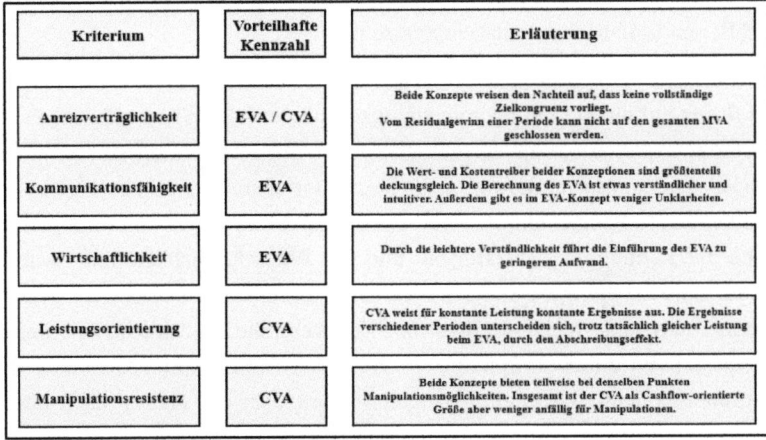

Kriterium	Vorteilhafte Kennzahl	Erläuterung
Anreizverträglichkeit	EVA / CVA	Beide Konzepte weisen den Nachteil auf, dass keine vollständige Zielkongruenz vorliegt. Vom Residualgewinn einer Periode kann nicht auf den gesamten MVA geschlossen werden.
Kommunikationsfähigkeit	EVA	Die Wert- und Kostentreiber beider Konzeptionen sind größtenteils deckungsgleich. Die Berechnung des EVA ist etwas verständlicher und intuitiver. Außerdem gibt es im EVA-Konzept weniger Unklarheiten.
Wirtschaftlichkeit	EVA	Durch die leichtere Verständlichkeit führt die Einführung des EVA zu geringerem Aufwand.
Leistungsorientierung	CVA	CVA weist für konstante Leistung konstante Ergebnisse aus. Die Ergebnisse verschiedener Perioden unterscheiden sich, trotz tatsächlich gleicher Leistung beim EVA, durch den Abschreibungseffekt.
Manipulationsresistenz	CVA	Beide Konzepte bieten teilweise bei denselben Punkten Manipulationsmöglichkeiten. Insgesamt ist der CVA als Cashflow-orientierte Größe aber weniger anfällig für Manipulationen.

Abbildung 8: Gegenüberstellung der Kriterien[184]

Obwohl beide Konzepte einen Residualgewinn darstellen, ist festzustellen, dass die Kennzahlen sich im Grad der Erfüllung der Kriterien teilweise deutlich unterscheiden.

Das Ziel der Anreizverträglichkeit und damit der Zielkongruenz können beide Konzepte nicht erfüllen. Es ist nicht möglich, vom Erfolg einer Periode auf den Gesamterfolg zu schließen. Die Wert- und Kostentreiber beider Konzepte sind größtenteils gleich. Die Analysefähigkeit ist somit bei beiden Konzepten gegeben. Trotzdem zeigt sich, dass der EVA etwas leichter kommunizierbar ist als der CVA, da er weniger Unklarheiten enthält und leichter verständlich ist. Dies führt zu einem weiteren Vorteil des EVA. Durch die leichtere Kommunizierbarkeit ergeben sich in der Regel geringere Kosten, insbesondere für die Einführung der Kennzahl und eines entsprechenden Anreizsystems. Dadurch kann ein leichter Vorteil für den EVA in Bezug auf die Wirtschaftlichkeit festgestellt werden. Der große Vorteil des CVA liegt darin, dass die Periodenerfolge richtig und konsistent ausgewiesen

---

[184] Quelle: Eigene Darstellung

werden. Im Gegensatz zum EVA steigt der Erfolgsausweis bei Untätigkeit des Managements im Zeitverlauf nicht an, indem die Kapitalbasis immer weiter abnimmt. Gleiche Leistungen werden dementsprechend gleich bewertet. Zwar bieten beide Konzepte Möglichkeiten für Manipulationen, zum Beispiel aufgrund von Ermessensspielräumen, allerdings ist der CVA aufgrund der Cashflow-Orientierung weniger anfällig für buchhalterische Einflussnahmen und damit in größerem Umfang manipulationsresistent.

Das Kriterium der Anreizverträglichkeit erfüllt keines der Konzepte zur Genüge. In Bezug auf die Kommunikationsfähigkeit und auf die Wirtschaftlichkeit erweist sich das EVA-Konzept als vorteilhafter. Das CVA-Konzept hingegen ist in den Kriterien Leistungsorientierung und Manipulationsresistenz überlegen. Zur abschließenden Beurteilung ist eine Gewichtung der Kriterien notwendig. Die Kriterien der Kommunikationsfähigkeit und der Wirtschaftlichkeit sind zwar bedeutend, ohne Erfüllung der Kriterien der Leistungsorientierung und der Manipulationsresistenz aber nicht von Relevanz. Nur wenn die tatsächliche Leistung richtig dargestellt wird und die Spitzenkennzahl größtenteils immun gegenüber Manipulationen ist, kann davon ausgegangen werden, dass das Management tatsächlich Entscheidungen im Sinne der Shareholder-Value-Mehrung trifft und das Anreizsystems dementsprechend nützlich ist. Anderenfalls werden Fehlanreize gesetzt und für die Eigentümer schädliche, opportunistische Verhaltensweisen des Managements gefördert. Aufgrund der höheren Gewichtung der Leistungsorientierung und der Manipulationsresistenz ist der CVA dem EVA als Spitzenkennzahl eines Anreizsystems vorzuziehen.

5 Zusammenfassung

Das Ziel dieser Arbeit war, die Eignung des Economic Value Added und des Cash Value Added als Spitzenkennzahl eines Anreizsystems zu analysieren. Es sollte dargestellt werden, welche der beiden Kennzahlen besser geeignet ist, um das Management dazu zu bringen, eigentümerorientiert zu handeln, indem ein Teil der Managemententlohnung an die Unternehmensleistung geknüpft wird.

Zu diesem Zweck wurden in den Kapiteln 2 und 3 zuerst die beiden Konzepte dargestellt und hergeleitet. Zunächst erfolgte die allgemeine Vorstellung der Modelle. Im Anschluss wurden die Vermögens- und die Gewinngröße dargestellt. Im Rahmen des EVA-Konzeptes lag der Fokus hierbei auf der Konversion vom Accounting Model zum Economic Model. Die Vorstellung der Vermögens- und Gewinngröße im CVA wurde ebenfalls unter Berücksichtigung der notwendigen Anpassungen vorgenommen. Im nächsten Schritt wurde die jeweilige Vermögensrendite, im EVA-Konzept der ROCE und im CVA-Konzept der CFROI, erörtert und die Berechnungsweise abgeleitet. Die Bestimmung der Kapitalkosten bildete den letzten darzustellenden Bestandteil der Konzepte. Unter besonderer Berücksichtigung, wie die Kennzahlen die Änderung des Eigentümervermögens anzeigen, wurden zum Abschluss der beiden Kapitel die Berechnungsweisen der jeweiligen Kennzahl dargestellt.

Im Anschluss erfolgte die kritische Gegenüberstellung der beiden Konzepte, um die übergeordnete Fragestellung der besseren Eignung als Spitzenkennzahl eines Anreizsystems zu beantworten. Zunächst wurden Anforderungen an ein Anreizsystem und eine Spitzenkennzahl abgeleitet, anhand derer die Konzeptionen verglichen werden konnten. Beide Konzepte sind als nicht vollständig zielkongruent zu betrachten und erfüllen damit das Kriterium der Anreizverträglichkeit nicht vollständig. Während der EVA dem CVA in Bezug auf die Kommunikationsfähigkeit und damit einhergehend auch in Bezug auf die Wirtschaftlichkeit überlegen ist, hat das Konzept des CVA deutliche Vorteile in Bezug auf die Leistungsorientierung und die Manipulationsresistenz.

Um zu einem abschließenden Ergebnis zu gelangen, wurde eine Gewichtung der Kriterien vorgenommen. Dabei wurde verdeutlicht, dass die Leistungsorientierung und die Manipulationsresistenz als bedeutender als die übrigen Kriterien einzuschätzen sind, da den anderen Kriterien ohne deren Erfüllung keine Relevanz zukommt. Nur bei einem korrekten Ausweis der Leistung kann davon ausgegangen werden, dass das Management seine Entscheidungen tatsächlich auf die

Mehrung des Shareholder Value ausrichtet. Allein bei Erfüllung dieser Kriterien können Fehlanreize und für die Eigentümer nachteiliges Verhalten des Managements vermieden werden.

Die Zielsetzung der Arbeit konnte somit erfüllt werden, da deutlich herausgestellt werden konnte, dass das CVA-Konzept dem EVA-Konzept in Bezug auf die Eignung als Spitzenkennzahl eines Anreizsystems überlegen ist.

Neue Forschungen können auf weitere Anpassungen der Konzepte abzielen, um den Praxisnutzen des EVA und des CVA weiter zu steigern. Ein Ziel könnte außerdem sein, durch Ergänzungen oder anknüpfende Konzepte die Problematik der mangelhaften Zielkongruenz und Anreizverträglichkeit zu beheben. Um die Eignung des EVA zu verbessern, können weitergehende Anpassungen und Ergänzungen erforscht werden, um die Problematik der mangelnden Leistungsorientierung zu reduzieren. Auch die Erforschung weiterer Anreizmöglichkeiten, um das Management dazu zu bringen, eigentümerorientiert zu handeln, bietet sich zur weiteren Forschung an.

Literaturverzeichnis

Baier, Peter (2008): Praxishandbuch Controlling. Controllinginstrumente, Unternehmensplanung und Reporting, 2. Auflage, München, FinanzBuch Verlag GmbH.

Böcking, Hans-Joachim / Nowak, Karsten (1999): Das Konzept des Economic Value Added, in: Finanz Betrieb, 1. Jg., Nr. 10, S. 281-288.

Coenenberg, Adolf G. / Fischer, Thomas M. / Günther, Thomas W. (2016): Kostenrechnung und Kostenanalyse, 9. Auflage, Stuttgart, Schäffer-Poeschel Verlag.

Coenenberg, Adolf G. / Haller, Axel / Mattner, Gerhard / Schultze, Wolfgang (2016): Einführung in das Rechnungswesen. Grundlagen der Buchführung und Bilanzierung, 6. Auflage, Stuttgart, Schäffer-Poeschel Verlag.

Coenenberg, Adolf G. / Haller, Axel / Schultze, Wolfgang (2016): Jahresabschluss und Jahresabschlussanalyse. Betriebswirtschaftliche, handelsrechtliche, steuerrechtliche und internationale Grundlagen – HGB, IAS/IFRS, US-GAAP, DRS, 24. Auflage, Stuttgart, Schäffer-Poeschel Verlag.

Crasselt, Nils / Schremper, Ralf (2001): Cash Flow Return on Investment und Cash Value Added, in: Die Betriebswirtschaft, 61. Jg., Nr. 2, S. 271-273.

Crasselt, Nils / Pellens, Bernhard / Schremper, Ralf (2000): Konvergenz wertorientierter Erfolgskennzahlen (II), in: Das Wirtschaftsstudium, 29. Jg., Nr. 2, 205-208.

Deutsche Lufthansa AG (2017): Geschäftsbericht 2016.

Ehrbar, Al (1999): EVA. Economic Value Added. Der Schlüssel zur wertsteigernden Unternehmensführung, Wiesbaden, Gabler Verlag.

Eidel, Ulrike (1999): Moderne Verfahren der Unternehmensbewertung und Performance-Messung. Kombinierte Analysemethoden auf der Basis von US-GAAP-, IAS- und HGB-Abschlüssen, Herne / Berlin, Verlag Neue Wirtschafts-Briefe.

Fackler, Matthias / Wimschulte, Jens (2009): Residualgewinnverfahren zur Unternehmensbewertung und -steuerung. Am Beispiel des Economic-Value-Added, in: Schacht, Ulrich / Fackler, Matthias (Hrsg.), Praxishandbuch Unternehmensbewertung. Grundlagen, Methoden, Fallbeispiele, 2. Auflage, Wiesbaden, Gabler Verlag, S. 313-334.

Fischer, Mark (1995): Agency-Theorie, in: Wirtschaftswissenschaftliches Studium, 24. Jg., Nr. 6, S. 320-322.

Fischer, Thomas M./Gülgel, Kenan (2013): Unternehmensziele und Anreizsysteme, in: Wirtschaftswissenschaftliches Studium, 42. Jg., Nr. 3, S. 126-133.

Grewe, Alexander (2012): Implementierung neuer Anreizsysteme. Grundlagen, Konzept und Gestaltungsempfehlungen, 4. Auflage, München / Mering, Rainer Hampp Verlag.

Groll, Karl-Heinz (2003): Kennzahlen für das wertorientierte Management. ROI, EVA und CFROI im Vergleich. Ein neues Konzept zur Steigerung des Unternehmenswertes, München, Wien, Carl Hanser Verlag.

Henkel AG & Co. KGaA (2017): Geschäftsbericht 2016.

Hirsch, Bernhard (2007): Der Economic Value Added, in: Wirtschaftswissenschaftliches Studium, 36. Jg., Nr. 2, S. 62-69.

Hostettler, Stephan (2000): Economic Value Added (EVA). Darstellung und Anwendung auf Schweizer Aktiengesellschaften, 4. Auflage, Bern / Stuttgart / Wien, Verlag Paul Haupt Berne.

Laux, Helmut (2006): Unternehmensrechnung, Anreiz und Kontrolle. Die Messung, Zurechnung und Steuerung des Erfolges als Grundprobleme der Betriebswirtschaftslehre, 3. Auflage, Berlin / Heidelberg, Springer-Verlag.

Lewis, Thomas G. (1995): Steigerung des Unternehmenswertes. Total Value Management, 2. Auflage, Landsberg/Lech, Verlag moderne Industrie.

Lewis, Thomas G. / Stelter, Daniel (1993): Mehrwert schaffen mit finanziellen Ressourcen, in: Harvard Business Manager, 15. Jg., Nr. 4, S. 107-114.

Lücke, Wolfgang (1955): Investitionsrechnung auf der Basis von Ausgaben oder Kosten, in: Zeitschrift für handelswissenschaftliche Forschung, 7. Jg., S. 310-324.

Mayer, Barbara / Pfeiffer, Thomas / Reichel, Astrid (2005): Zu Anforderungen und Ausgestaltungsprinzipien von Anreizsystemen aus agencytheoretischer Sicht, in: Betriebswirtschaftliche Forschung und Praxis, 67. Jg., Nr. 1, S. 12-29.

Plaschke, Frank J. (2003): Wertorientierte Management-Incentivesysteme auf Basis interner Wertkennzahlen, Wiesbaden, Deutscher Universitäts-Verlag GmbH.

Rappaport, Alfred (1999): Shareholder Value. Ein Handbuch für Manager und Investoren, 2. Auflage, Stuttgart, Schäffer-Poeschel Verlag.

Richter, Frank / Honold, Dirk (2000): Das Schöne, das Unattraktive und das Hässliche an EVA & Co., in: Finanz Betrieb, 2. Jg., Nr 5, S. 265-274.

Sharpe, William F. (1964): A Theory of Market Equilibrium under Conditions of Risk, in: Journal of Finance, 19. Jg., Nr. 3, S. 425-442.

Stelter, Daniel (1999): Wertorientierte Anreizsysteme, in: Bühler, Wolfgang (Hrsg.) / Siegert, Theo, Unternehmenssteuerung und Anreizsysteme. Kongress-Dokumentation. 52. Deutscher Betriebswirtschafter-Tag 1998, Stuttgart, Schäffer-Poeschel Verlag.

Stewart III, G. Bennett (1991): The Quest for Value. A Guide for Senior Managers, New York, HarperCollins Publishers.

Weber, Jürgen / Bramsemann, Urs / Heineke, Carsten / Hirsch, Bernhard (2017): Wertorientierte Unternehmenssteuerung. Konzepte – Implementierung – Praxis-Statements, 2. Auflage, Wiesbaden, Springer Gabler.

Zirkler, Bernd (2002): Der Economic Value Added (EVA) als Konzept für den Mittelstand, in: Kostenrechnungspraxis, 46. Jg. Nr. 1, S. 98-104.